El Imperio carolingio

Una guía fascinante sobre la Dinastía carolingia y su gran imperio que abarcó la mayor parte de Europa Occidental durante el reinado de Carlomagno

© Copyright 2020

Todos los derechos reservados. Ninguna parte de este libro puede reproducirse de ninguna forma sin permiso por escrito del autor. Los revisores pueden citar breves pasajes en las revisiones.

Aviso Legal: ninguna parte de esta publicación puede ser reproducida o transmitida de ninguna forma o por ningún medio, mecánico o electrónico, incluyendo fotocopias o grabaciones, ni por ningún sistema de almacenamiento y recuperación de información, ni transmitida por correo electrónico sin permiso por escrito del editor.

Si bien se han realizado todos los intentos para verificar la información proporcionada en esta publicación, ni el autor ni el editor asumen ninguna responsabilidad por errores, omisiones o interpretaciones contrarias de la materia en este documento.

Este libro es sólo para fines de entretenimiento. Las opiniones expresadas son las del autor solo y no deben tomarse como instrucciones u órdenes de expertos. El lector es responsable de sus propias acciones.

El cumplimiento de todas las leyes y regulaciones aplicables, incluidas las leyes internacionales, federales, estatales y locales que rigen las licencias profesionales, las prácticas comerciales, la publicidad y todos los demás aspectos de hacer negocios en los EE. UU., Canadá, el Reino Unido o cualquier otra jurisdicción, es responsabilidad exclusiva del comprador o del lector.

Ni el autor ni el editor asumen responsabilidad u obligación alguna en nombre del comprador o lector de estos materiales. Cualquier percepción leve de cualquier individuo u organización es puramente involuntaria.

Índice

INTRODUCCIÓN 1
CAPÍTULO 1: UNA VISIÓN GENERAL 5
CAPÍTULO 2: EL MUNDO DESPUÉS DE ROMA 12
    SEÑALES DEL FIN DE ROMA 12
    SUBESTIMAR AL ENEMIGO 13
    AFRONTANDO EL DESMORONAMIENTO DEL IMPERIO 18
CAPÍTULO 3: EL FIN DE UNA DINASTÍA: PIPINO, CARLOS Y CARLOMÁN 20
    LA DINASTÍA MEROVINGIA 20
    LAS SECUELAS INMEDIATAS DESPUÉS DE LA MUERTE DE MARTEL ... 22
    PIPINO EL BREVE 23
    CARLOS TOMA EL CONTROL 24
CAPÍTULO 4: LAS CONQUISTAS DE CARLOS 27
    EL MUNDO Y LAS RELACIONES ANTES DEL GOBIERNO DE CARLOS ... 28
    LOS LOMBARDOS 28
    LOS SAJONES 29
    EL PROBLEMA CON LOS LOMBARDOS 30
    LAS GUERRAS SAJONAS 31
    LA INVASIÓN DEL TERRITORIO MUSULMÁN 32
    MÁS ALLÁ DE LOS LÍMITES 34
CAPÍTULO 5: EN NOMBRE DE LA RELIGIÓN 35
    FORZAR A LOS VENCIDOS A ACEPTAR SU RELIGIÓN 37
    MÁS FRACTURAS EN EL IMPERIO BIZANTINO 39
CAPÍTULO 6: EL PAPA LEÓN III Y LA FUNDACIÓN DE UN IMPERIO .. 41

- El precedente 41
- El Problema del Papa 42
- El Emperador Carlomagno y el Papa León III 45

CAPÍTULO 7: EL RENACIMIENTO CAROLINGIO: EL IMPERIO BAJO CARLOMAGNO 48
- Principales reformas económicas: la sustitución del oro 51
- Reforma de la Iglesia, de la política y del sistema legal 53
- Un hombre a imitar 55

CAPÍTULO 8: EL GOBIERNO DE LUIS EL PIADOSO 57
- La muerte de Carlomagno 57
- Una situación imposible 62
- Ganarse el respeto de un gran jugador 64

CAPÍTULO 9: LUCHAS FAMILIARES Y LA DECADENCIA DEL IMPERIO 66

CAPÍTULO 10: LA DIVISIÓN QUE ACABÓ EFECTIVAMENTE CON EL IMPERIO 71
- Las tierras de Luis y Carlos 72
- Un problema interno 73
- La presión externa 76

CAPÍTULO 11: ECOS DEL IMPERIO ROMANO: CÓMO LAS FUERZAS EXTERNAS DESTRUYERON EL IMPERIO CAROLINGIO 79

CAPÍTULO 12: EFECTOS DURADEROS Y ESPERANZA DE REUNIFICACIÓN 85
- El ascenso de un Sajón 86
- Como Carlomagno 90

CONCLUSIÓN 93

BIBLIOGRAFÍA 96

Introducción

Uno de los pocos nombres que surgieron de la Edad Media y aún sobreviven hoy en día es el de Carlomagno. Después de la caída de Roma, Europa Occidental estuvo completamente desorganizada durante varios siglos, con diferentes tribus y facciones dirigiendo diferentes partes del continente. Entonces, en el 768 d. C, Carlos el Grande, más conocido como Carlomagno, se convirtió en el gobernante de los francos.

El Imperio Carolingio era un imperio muy parecido al Sacro Imperio romano, de hecho, cubría la mayor parte de las mismas partes de Europa. Carlomagno fue capaz de construir un imperio mucho más coherente y controlado, mientras que el Sacro Imperio romano era más bien un colectivo de principados que solo estaban unidos vagamente bajo el Sacro Imperio romano. Sin embargo, el Sacro Imperio romano duró más de varios siglos, mientras que el Imperio carolingio no duró más de unas décadas después de la muerte de Carlomagno. Aún más interesante, es que algunos historiadores dicen que el Sacro Imperio romano comenzó con Carlomagno y duró hasta 1806.

Hay un gran debate sobre la conexión de estos dos imperios. Sin embargo, lo que es seguro es cómo comenzó el Imperio carolingio. Las tribus germánicas habían usado el tiempo que sirvieron en el ejército romano para labrar sus propios territorios una vez que Roma cayó. Entonces Carlomagno llegó al poder, tomando el control de los francos después de la muerte de su padre. Inicialmente, se suponía que debía compartir el control del reino franco con su hermano, pero Carlomagno no quiso ceder el control ni compartirlo con nadie más. Su hermano se hizo a un lado, y esto le dio a Carlomagno todo el poder que necesitaba para expandir el reino más allá de lo que su padre había controlado.

El inicio del imperio también es discutible. Algunos historiadores sitúan el comienzo del Imperio carolingio alrededor del 800 d. C., mientras que otros lo sitúan más cerca del 751 d. C. Las discrepancias provienen (al menos en parte) de lo que se considera un imperio. Carlomagno se apoderó del reino franco en 768, por lo que, en 751, la región aún estaba bajo el control de su padre, y numerosos reinos aún cubrían las áreas que eventualmente se convirtieron en parte del Imperio carolingio. El papa León III declaró emperador a Carlomagno el 25 de diciembre de 800, por lo que esta fecha se cita a veces como el comienzo del imperio.

La razón por la que el nombre de Carlomagno ha seguido siendo tan familiar a pesar de que ha transcurrido más de un milenio desde su muerte, se debe al efecto a largo plazo que su época de emperador tuvo sobre Europa occidental. Después de unir una gran franja de Europa occidental y someterla a su control, Carlomagno dividió las regiones en 52 zonas distintas, cada una de las cuales estaba dirigida por un conde. Sin embargo, estos condes no dirigieron sus respectivas áreas sin supervisión, y tenían *missi dominici* asignados para asegurar que los que estaban en el poder no abusaran de sus reglas.

Carlomagno continuó el sistema fundado bajo Carlos Martel (o Carlos el Martillo), que estaba compuesto por una estructura de clases que favorecía a los pocos ricos. Sin embargo, a diferencia de los romanos, quería que la mayor cantidad de gente posible bajo su dominio fuera alfabetizada, incluso trajo a uno de los más notables eruditos de la época para comenzar a instruir a otros. Él mismo no aprendió a leer y escribir hasta más tarde en su vida. Aunque mucha gente lo conoce por su destreza militar, Carlomagno fue en realidad un líder muy capaz y progresista. La unidad que estableció fue acompañada por cambios en varios sistemas diferentes, lo que facilitó que la gente de todo su imperio se sintiera parte de algo mucho más grande que sus pequeñas tribus germánicas. Uno de los mayores cambios que hizo fue el de la moneda, dejando de lado el estándar de oro por la moneda de plata. Mientras mantenía la estructura de clases establecida por Martel, Carlomagno dio a los campesinos cierto control sobre sus propias vidas, suavizando un poco el poder que los nobles tenían sobre ellos. Esto se relacionaba mayormente con su habilidad para participar en el comercio, pero aun así había más control sobre sus vidas del que habían experimentado anteriormente. Al igual que había hecho con los condes, Carlomagno se aseguró de que los nobles no abusaran de sus poderes, creando un sistema legal diseñado para ayudar a toda la gente bajo su dominio y no solo a los nobles y a los que estaban en el poder.

Tras la muerte de Carlomagno en 814, su único hijo superviviente, Luis, se convirtió en el único gobernante de Europa Occidental. Como su padre, Luis estaba muy dedicado a su religión, y llegó a ser conocido como Luis el piadoso. Desafortunadamente, no era tan capaz como su padre, y fue depuesto por sus propios hijos. Sus propias luchas internas llevaron a Luis a ser reincorporado, pero eso marcó el principio del fin del imperio que Carlomagno había creado. Tras la muerte de Luis, el Imperio carolingio se dividió entre sus tres hijos supervivientes, los cuales pasaron mucho tiempo luchando entre ellos por un mayor control. Las tres divisiones de Europa occidental no eran totalmente iguales, y con el tiempo, el reino medio fue finalmente absorbido por las regiones occidental y oriental. Finalmente, la mayor parte del territorio de estas dos regiones se convirtió en la actual Francia y Alemania. En 888, la mayoría de los historiadores coinciden en que el Imperio carolingio había terminado.

Una de las razones por las que a tanta gente le resulta difícil distinguir entre el Imperio carolingio y el Sacro Imperio romano (algunos historiadores citan a Carlomagno como el primer Sacro

Emperador romano germánico) es porque muchos de los cambios que él implementó se mantuvieron incluso después del Renacimiento. Mucho de lo que él estableció ayudó a sacar a Europa Occidental de los sistemas desarticulados y caóticos que surgieron después de la caída de Roma. A pesar de la desintegración del Imperio carolingio a los 100 años siguientes de su inicio, este sentó las bases para el surgimiento de muchas de las naciones que tendrían un papel destacado en los comienzos de la era moderna.

Capítulo 1: Una visión general

Nunca ha existido otro imperio que pudiera rivalizar con el Imperio romano en Europa. El Imperio carolingio fue lo más cercano que Europa estuvo de tener otro verdadero imperio, pero fracasó porque no había un reemplazo adecuado para su fundador, Carlomagno. Una vez que Carlomagno murió, su hijo intentó mantener las tierras unidas, pero los nietos de Carlomagno finalmente lo destrozaron por sus ansias de más poder y control.

Hay muchos aspectos del imperio que se siguen debatiendo, incluyendo las fechas de su ascenso y descenso. Dependiendo del historiador con el que usted hable, hay un rango de 50 años para la fecha de inicio del imperio. Algunos sitúan el comienzo del imperio en torno a 751, aunque la mayoría de los historiadores sitúan la fecha oficial de inicio del imperio en 800. Una de las principales razones del debate sobre cuándo comenzó exactamente el imperio es porque Carlomagno heredó de su abuelo, Carlos Martel, también conocido como Carlos el Martillo, una base bastante buena para su imperio. Carlos había pasado gran parte de su reinado trayendo las áreas circundantes a su dominio, aunque fue sólo cuando el califato omeya comenzó a empujar en el territorio vecino del duque de Aquitania, Odón el Grande, que Carlos Martel fue finalmente capaz de incorporar la región sur en su reino.

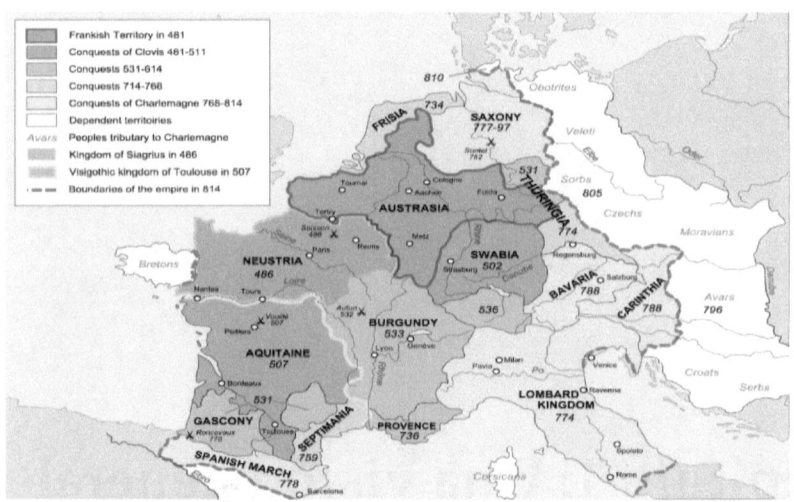

Europa bajo el gobierno de Carlos Martel
(Fuente: https://imgix.albert.io/user-assets/jelacqua/0423240b-70f5-4735-8a96-442b693bf1cc-1024px-Frankish_Empire_481_to_814-en.svg.png?ixjsv=2.2.4&w=1)

Existen muchas diferencias entre Carlos Martel y su nieto Carlomagno. Carlos Martel no tenía el mismo celo religioso que tenía Carlomagno, aunque ambos brindaron asistencia a los papas. Calos Martel tampoco tenía el mismo tipo de ambición que Carlomagno, aunque fue su trabajo el que sirvió de base para el punto de partida de Carlomagno. Martel no tenía ninguna garantía de heredar el control sobre la región, mientras que Carlomagno tenía la garantía de tener al menos un papel conjunto con su hermano. Carlomagno y Martel también tuvieron luchas muy diferentes. Martel cambió el rumbo contra el califato invasor omeya 100 años después de la muerte de su profeta Mahoma y los musulmanes fueron expulsados de España y Portugal debido a las acciones de Martel. También comenzó el sistema feudal en todo su reino. Por su parte, Carlomagno pasó gran parte de su tiempo implementando cambios dentro de su reino a medida que lo expandía. Aprender era algo que él sentía que era sumamente importante, y trató de mejorar la vida de su gente, aunque no se deshizo del sistema feudal establecido por su abuelo.

Cuando nació Carlomagno, el reino se dividió, por lo que no heredó el mismo reino existente al momento de la muerte de Martel, pues el reino se había dividido y fusionado varias veces entre los dos gobernantes. Como era la tradición en ese momento, los gobernantes dividieron el reino entre sus hijos sobrevivientes, pero el reino a menudo se volvía a unir debido a una muerte o abdicación. Esto seguía siendo un problema incluso cuando Carlomagno ascendió al poder, porque tenía un hermano menor a quien su padre había dejado la mitad del reino. Desafortunadamente, esta tradición no terminó después de Carlomagno, y resultó ser una de las principales razones del declive del Imperio carolingio.

Incluso es discutible que fuera un imperio. La persona que le otorgó ese título a Carlomagno fue el papa León III, sin la debida autoridad o la aprobación para hacerlo. Esto causó una ruptura con el Imperio bizantino, que era el sucesor espiritual del Imperio romano (la gente del Imperio bizantino todavía se consideraba a sí misma romana porque esta región tenía la segunda capital del antiguo imperio). Estos problemas tampoco se resolverían, sino que se exacerbaron por la fuerte personalidad de Carlomagno. Era muy devoto, y tenía un increíble amor por los miembros de su familia, incluso en detrimento del reino. Terminó un compromiso entre una de sus hijas y el emperador de Constantinopla porque no quería que ella viviera tan lejos de él. Esto demuestra que no todas sus decisiones se basaron en lo que era mejor para el imperio.

Carlomagno recibió el título de emperador y fue coronado por el papa León III el día de Navidad del 800 d. C. Es por eso que muchos historiadores consideran que esta es la fecha de inicio del imperio. Antes de esta época, la región todavía era considerada como un reino. Sin embargo, este movimiento no se basaba en ningún poder que el papa tuviera sobre ninguno de los reinos. En el mejor de los casos, él solo era un líder espiritual. En consecuencia, fue una enorme exageración del papa declarar el reino de Carlomagno como un imperio y otorgarle un título tan elevado porque el Imperio bizantino aún trataba de volver a poner a Europa Occidental bajo su dominio.

Lo que el papa hizo fue reclamar poderes sobre el mundo secular y religioso que nunca antes se habían reconocido como parte de los poderes del papa. Es como si el papa actual le debiera un favor a Alemania y por ello declarara que su gobernante es el emperador de gran parte de Europa.

La declaración del papa no le dio a Carlomagno ningún nuevo territorio importante; en gran parte fue solo un título que le otorgó porque Carlomagno le había salvado la vida y lo había devuelto al papado. Sin embargo, estableció un peligroso precedente que plagó Europa Occidental mucho después de la muerte de Carlomagno, ya que implicaba que el emperador tenía control incluso sobre la Iglesia cristiana, lo que ciertamente no era lo que el papa León III había pretendido. Otón I finalmente salvó la vida de un papa, el papa Juan XVII, y recibió un otorgamiento similar del título de emperador mucho después de que el Imperio carolingio hubiera terminado. Llegó mucho más lejos que Carlomagno y tomó el poder de destituir al papa cuando el líder religioso no estuvo de acuerdo con él. Ninguna de estas posibilidades fue considerada durante la época de Carlomagno porque era devoto y creía firmemente en el poder de la Iglesia Cristiana sobre la vida de la gente. Se veía a sí mismo como el líder del mundo secular, y fue este aspecto el que trató de mejorar en la vida de sus súbditos.

En su apogeo, el Imperio carolingio cubrió una gran franja de Europa Occidental. No incluía al actual Reino Unido, Irlanda, España o Portugal, pero se extendía hasta el sur de Francia y a través de la actual Alemania y Austria. Definitivamente no rivalizó con el Imperio romano en su apogeo, pero es ciertamente más de lo que casi cualquier otro gobernante ha logrado. Solo Napoleón logró crear un imperio que pudiera rivalizar con el tamaño del Imperio carolingio, aunque ni Carlomagno ni Napoleón crearon un imperio tan grande como el de los romanos.

(Fuentehttps://upload.wikimedia.org/wikipedia/commons/thumb/0/0b/Europe_and_the_Near_East_at_476_AD.png/1920px-Europe_and_the_Near_East_at_476_AD.png)

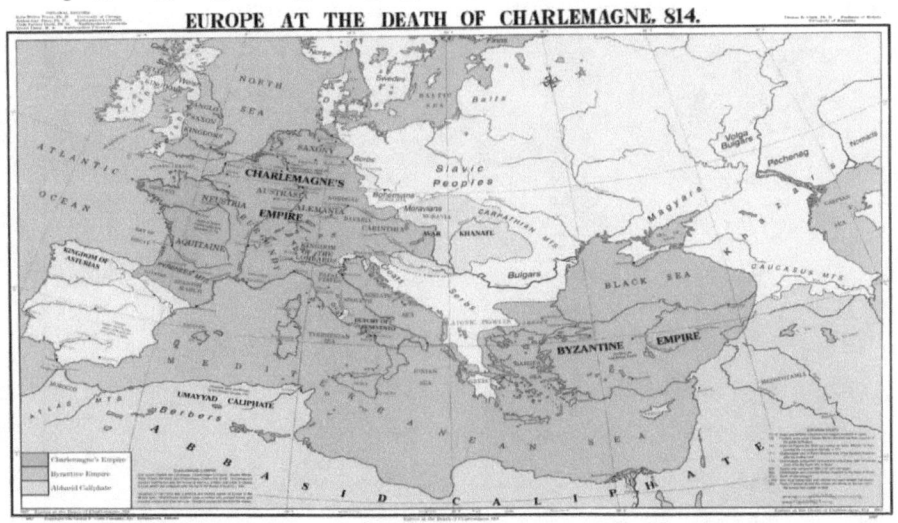

(Fuente:https://www.worldmapsonline.com/images/Cram/History/europedeathcharlemagne.jpg)

Cuando Carlomagno murió a principios de 814, el imperio aún estaba intacto, pero esto no duró mucho, ya que solo tenía un hijo superviviente, Luis, para hacerse cargo de su imperio. Luis llegó a ser conocido como Luis el Piadoso porque era aún más devoto que su padre. Se esforzó por mejorar la vida de sus súbditos, pero su habilidad para controlar el imperio no era tan fuerte como la de su padre. Esto se vio mucho antes de la muerte de Luis (en 840) cuando sus hijos se levantaron contra él y forzaron su abdicación. Sin embargo, en lugar de tratar de gobernar, terminaron luchando entre ellos, y después de un año, su pueblo estaba listo para que Luis el Piadoso volviera a la posición de emperador. Sin embargo, esto era solo un anticipo de lo que estaba por venir. A pesar de haber visto las tendencias dañinas de sus hijos mientras vivía, Luis todavía dividió su reino en tercios, dando diferentes territorios a cada uno de sus hijos supervivientes. El imperio había permanecido en gran parte intacto bajo Luis, pero esto no duró bajo el control de sus hijos. En 888, el imperio había desaparecido por completo, con las porciones occidental y oriental absorbiendo el tercio medio en sí mismas. Estas dos mitades se convirtieron finalmente en Francia y el Sacro Imperio romano germánico (incluyendo la actual Alemania).

(Fuente: https://www.shorthistory.org/images/Verdun-Treaty843.jpg)

Este libro toma el año 800 d. C. como el comienzo del Imperio carolingio, pero cubrirá las décadas previas a la fundación del imperio. Debido a la importancia de este imperio en la formación de la Europa moderna, el libro también cubrirá lo que sucedió después de que el imperio se desmoronó hasta la fundación del Sacro Imperio romano germánico. Algunos historiadores consideran a Carlomagno como el primer Sacro Imperio romano germánico, pero este libro tratará al Imperio carolingio y al Sacro Imperio romano germánico como dos imperios separados porque hubo un largo período de tiempo en el que Europa Occidental se dividió en muchos estados diferentes bajo un número de hombres diferentes en el poder. Tampoco hubo un emperador real durante un largo período de tiempo, y fue solo cuando otro papa declaró un nuevo emperador que el Sacro Imperio romano germánico realmente tuvo su comienzo. Este imperio estaba ciertamente basado en gran parte de la misma área que el Imperio carolingio ocupaba, pero claramente no incluía a la Francia de hoy en día, que es donde comenzó el imperio de Carlomagno. De manera similar a como Carlomagno tomó el relevo de Martel, Otón I tomó las riendas basándose en parte en los cimientos de lo que alguien había construido antes que él. Sin embargo, como Martel, Otón I tenía mucho menos territorio al principio que Carlomagno y fue a través de la conquista que ganó su posición como emperador.

Ni el Imperio carolingio ni el Sacro Imperio romano germánico eran el tipo tradicional de imperio y ni siquiera la declaración de estos imperios fue hecha por alguien con la autoridad para hacer tal declaración. El Imperio romano y el Imperio bizantino se basaban en el poder y la autoridad de las leyes y reglas, y los emperadores ganaban su trono por medios tradicionales. El Imperio carolingio, en su apogeo, fue ciertamente un colectivo mucho más coherente que el Sacro Imperio romano, lo que hizo posible que Carlomagno implementara tantos sistemas diferentes, pero esos sistemas claramente no aseguraron la continuación de la unidad que Europa Occidental sintió durante su reinado.

Capítulo 2: El mundo después de Roma

La caída de Roma fue como la caída de muchos de los otros imperios y civilizaciones que le precedieron. Nunca se trató de si la ciudad caería, sino de cuándo lo haría. Las civilizaciones siempre pasan por períodos de crecimiento y luego experimentan un lento declive. No sucede de una sola vez, e incluso el fin del poder de Roma no ocurrió de la noche a la mañana. El saqueo de Roma no fue el fin del imperio porque el emperador duró un tiempo más. Cuando la ciudad fue atacada, simplemente se aceleró su declive en lugar de permitir que siguiera languideciendo y deteriorándose. La caída de la ciudad envió ondas de choque a todo el continente, pero cuanto más lejos de la ciudad vivía la gente, menos obvios eran los efectos de la pérdida de Roma. Algunos lugares incluso se alegraron de ver el fin del dominio de los romanos.

Señales del fin de Roma

Una de las principales señales de que Roma ya no era el centro neurálgico que alguna vez había sido, fue la decadencia de la ciudad y el mantenimiento general del reino que se había empleado a la altura del imperio. Las personas en el poder eran como buitres que destrozaban el imperio que languidecía y no unos gobernantes reales. Hubo algunos buenos líderes en los últimos 100 años del imperio más o menos, pero eran una minoría. Las luchas internas reflejaron el fin de la República romana unos cientos de años antes, que terminó con Julio César tomando el control y removiendo en gran medida a los senadores del poder. Varios cientos de años después, el pueblo de Roma había olvidado las lecciones del declive de la República romana y, por lo tanto, estaban condenados a repetirlo.

A medida que la gente buscaba satisfacer sus propias ambiciones mezquinas, el extenso control del imperio se fue desvaneciendo. La incapacidad de Roma para proveer a la gente en las afueras de su imperio sería en realidad el catalizador de los ataques que serían el conmovedor comienzo del fin de la antigua Roma.

Había varias señales de advertencia que deberían haber hecho saber a los romanos que iban por el camino de la destrucción. Hombres como Nerón y Calígula aún son recordados hoy en día por su indiferencia hacia el pueblo y sus salvajes demandas. Permitir que hombres como esos permanecieran en el poder ayudó a destruir el imperio porque sacudió la fe del pueblo en Roma. Sin embargo, ellos fueron un síntoma, y no la causa de la caída.

Subestimar al Enemigo

Los romanos sufrían del mismo tipo de arrogancia que criticaron a otros. Creyendo ciegamente en su propia invencibilidad, no pensaban que fuera posible que alguien atacara con éxito su ciudad. Cuando había señales de problemas, la gente en el poder retiraba su ejército para proteger el núcleo del imperio, dejando a la gente de los territorios periféricos vulnerables a los ataques. Esto iba en contra de los acuerdos que Roma había establecido con esos territorios cuando habían negociado el control o lo habían tomado por medio de la conquista. Para la gente de Roma, los habitantes de estas regiones lejanas eran una amenaza mínima o nula porque eran poco sofisticados y sin educación y parecía ridículo considerarlos una amenaza.

En los inicios, los emperadores romanos eran militares expertos que habían ayudado a conquistar la mayor parte del continente. Con el tiempo, se convirtieron en mocosos mimados que no entendían la importancia de mantener sus acuerdos con el pueblo que gobernaban y proporcionar los suministros y la asistencia necesarios en tiempos de problemas, habría significado menos dinero para los gobernantes para usar en sus proyectos y caprichos personales.

Sin embargo, quizás el error más crítico como resultado de la ignorancia, fue su creencia de que las poblaciones de las tierras bajo su control no tenían educación y carecían del tipo de formación que tenía la gente de Roma y sus alrededores. La realidad era que muchos de los hombres que vivían en esas regiones habían servido en el ejército romano, luchando por el imperio. No solo estaban educados, sino que estaban increíblemente bien entrenados en las tácticas utilizadas por el ejército romano. Muchos de los oficiales romanos provenían de estas áreas, algunos debido a su asombro por las habilidades de los militares romanos y otros simplemente por servir al imperio. Eran leales al Imperio Romano y tenían ciertas expectativas de lo que el imperio les proporcionaría.

Cuando Roma no cumplió con sus obligaciones, la fe en el imperio comenzó a desmoronarse en las regiones exteriores. Esto llegó a un punto crítico cuando los hunos comenzaron a invadir el territorio gótico. Buscando protección del Imperio romano, el líder de los Godos, Fritigerno, envió una petición al emperador para que le permitiera a su gente establecerse en tierras romanas y gozar de la protección romana. El emperador Valente pareció ignorar la petición porque el número de godos que buscaban seguridad era mayor de lo que creía que el Imperio romano podía sobrellevar. Una vez más, Fritigerno escribió al emperador, implorándole que permitiera a los godos ocupar las tierras debido a la inminente amenaza de los hunos, y de nuevo, el emperador no respondió.

Al acercarse el invierno, los godos sabían que se les estaba acabando el tiempo para ocupar una nueva tierra y aún tenían tiempo para plantar y cosechar cultivos antes de que el invierno cayera. Comenzaron a entrar en pánico, y su líder ya no podía aceptar el silencio del emperador Valente. Aunque Valente estaba tratando de aprender más sobre las personas que buscaban su protección, debería haber enviado algún tipo de respuesta. Su falta de comprensión de la situación, junto con su propia distancia de la amenaza, le cegó ante los peligros que existían para sí mismo y para Roma al ignorar a una población tan grande de personas que previamente habían estado en buenos términos con Roma. No dispuestos a seguir esperando, los godos se establecieron en el territorio sin la aprobación del emperador.

El resultado fue la batalla de Adriápolis (también llamada Adrianópolis) en el 378 d. C. Los godos superaron ampliamente a los romanos, y el encuentro se desarrolló como era de esperar. Con un estimado de 10.000 a 20.000 soldados romanos muertos, Roma perdió cerca de dos tercios de su ejército y el emperador Valente también murió durante este encuentro.

Habiendo perdido tan espectacularmente, los romanos tuvieron que permitir que los godos se establecieran dentro de sus límites porque ahora tenían nuevos problemas a los que enfrentarse, empezando por poner un nuevo emperador en su lugar. Reinaba una paz provisional, pero las tensiones continuaban hirviendo bajo la superficie.

Viendo la oportunidad de recuperar sus propias áreas, otras tribus germánicas poco amigables comenzaron a escabullirse en los bordes del imperio. Más de 100 años antes de la época que los historiadores consideran como la caída de Roma, el Imperio romano ya estaba perdiendo su poder y sus tierras. Roma era considerablemente más pequeña en el momento en que realmente cayó. La batalla de Adriápolis fue solo la primera vez que los romanos subestimaron seriamente a su enemigo.

Esto se evidenciaría nuevamente cuando Roma no cumplió sus obligaciones con los visigodos, una tribu occidental de los godos. Su líder era Alarico, un hombre que también había servido como oficial en el ejército romano. Él era como un puente viviente entre su pueblo y el imperio al que había servido con distinción durante años. Roma le había prometido a él y a su pueblo establecerse en tierras de los Balcanes; sin embargo, el Emperador Honorio, repitiendo los errores del pasado, no respondió a la petición.

En lugar de llevar a su pueblo a colonizar las tierras como lo habían hecho los godos, Alarico comenzó a hacer demandas adicionales al emperador, siendo la más notable que el emperador concediera al pueblo de Alarico la ciudadanía romana, ya que esto les daría a los visigodos beneficios que no tenían los no romanos.

El emperador Honorio finalmente respondió con una negación de la petición. Cada nueva petición o solicitud de Alarico, fue recibida con una negación. Como el emperador Valente, el emperador Honorio subestimó catastróficamente a su oponente.

Alarico se había distinguido como parte del ejército romano, y había traído el estilo de lucha de los romanos de vuelta a su pueblo. El sabio como comandar un campo de batalla, y más importante, él sabía cómo forzar a su oponente a rendirse. Como cristiano y líder, Alarico era muy rígido en su entendimiento del bien y el mal, y en este caso, era claro para él que Roma estaba del lado del mal. Para rectificar esto, él iba a usar lo que había aprendido como miembro de su ejército para forzar al emperador a cumplir su promesa original.

Es importante señalar que en ningún momento Alarico intentó causar la caída de Roma o eventualmente destruir el imperio. El solo buscó obtener lo que a él y su pueblo le habían prometido y dado sus años de servicio, fue un grave error para Roma tratar de renegar de esa promesa. Era solo otra señal de lo ciegos que se habían vuelto los emperadores ante sus obligaciones.

Alarico no quiso sentarse a esperar o deshonrar su servicio reclamando las tierras, por lo que llamó a sus hombres a las armas y los hizo marchar a Roma. El emperador demostró una obscena falta de entendimiento de la situación al ignorar completamente el gran ejército visigodo marchando hacia Roma, hasta que bloquearon todos los caminos, causando que el comercio entre Roma y el resto del imperio cesara. Alarico usó su conocimiento de cómo mantener a sus tropas motivadas, organizadas y bajo su control para obstaculizar completamente a Roma. Mientras esto sucedía, el incompetente Emperador Honorio se relajaba en su villa en Ravena, la capital del Imperio romano de Occidente en aquel momento, que estaba localizada fuera de la ciudad.

Como ellos controlaban los caminos, las tropas de Alarico no sufrieron durante ese tiempo. Fueron capaces de comerciar y obtener suministros de las mismas personas a las que le bloquearon el acceso a la ciudad. Sin embargo, las personas que vivían en Roma no fueron tan afortunadas. El agua y la comida comenzaron a escasear, debilitando significativamente la protección de la ciudad. Y, aun así, el emperador continuó ignorando las demandas de cumplimiento de su promesa a Alarico y su gente.

No viendo ninguna otra opción, Alarico y su ejército entraron a Roma en el 410 d. C., y lograron lo que solo otro grupo, los galos, habían hecho antes. Saquearon la ciudad y les tomó solo tres días antes de que se fueran con lo que pudieran llevarse. La única excepción fue que Alarico no permitió a sus hombres remover o dañar nada de las Basílicas de San Pablo y San Pedro. Los 6.000 hombres que el emperador Honorio había finalmente enviado, no tenían ninguna oportunidad contra el bien armado y organizado ejército de Alarico.

Aunque Roma continuaría teniendo un mínimo de control sobre el imperio durante otro medio siglo, era meramente una sombra de lo que había sido. El último emperador, Rómulo Augusto, tenía solo doce años cuando asumió su cargo en octubre del 475, y solo fue emperador por un poco más de un año. Fue mayormente una marioneta de su padre. Cuando el caudillo germánico Odoacro mató al padre del emperador en 476, ofreció a Rómulo Augusto el retiro y luego envió al niño a vivir el resto de su vida en otro lugar. Odoacro tomó el control del resto del ejército y envió emisarios a Constantinopla, la otra gran ciudad del imperio. Esta serie de eventos fue considerada como el fin del Imperio romano de Occidente.

Afrontando el desmoronamiento del Imperio

Lo que mucha gente no se da cuenta es que la caída de Roma no fue el fin del imperio, sino solo la pérdida de una de sus dos capitales. Europa Occidental vio al Imperio romano desmoronarse, pero Europa Oriental continuó floreciendo y prosperando. Esto es parte de la razón por la cual el término de la Edad Oscura es increíblemente inexacto, ya que la tecnología y la civilización continuaron avanzando, sólo que en algunas partes de Europa se desarrollarían más tarde. En lo que hoy se conoce como el Imperio bizantino, no hubo pérdida de ingenio, cultura, arquitectura o cualquier otra cosa que la gente asocie con el Imperio romano. Sin embargo, su papel fue mucho más grande de lo que una breve sección puede abordar, y hoy en día sigue habiendo una amplia información sobre ese imperio en particular. El capítulo 4 de este libro le proporcionará una visión general de cómo ellos perpetuaron todo lo que había hecho a Roma tan influyente.

Europa Occidental se fracturó, pues gente que aún se consideraba a sí misma como romana tomó el control de sus propios dominios mucho más pequeños. Estos gobernantes continuaron usando muchas de las mismas leyes y principios que habían sido la piedra angular del antiguo imperio. Sus valores eran de naturaleza muy romana. Esencialmente, lo que sucedió en toda Europa Occidental fue una evolución sin restricciones del imperio en decadencia. La gente regresó a los hogares de sus antepasados, sin estar atados a un imperio que se había vuelto cada vez menos sensible a sus necesidades.

La reconfiguración de las tierras que habían sido parte del imperio naturalmente provocó que sufrieran muchas guerras, a medida que los diferentes pueblos trataban de reclamar sus tierras ancestrales, aprovechando el vacío de poder, o para establecer algo más beneficioso para su gente. Para estas personas, la vida cambió significativamente.

Sin embargo, no hubo un cambio real para alrededor del 90% de la población pues los campesinos y los esclavos no vieron ningún cambio real en su vida cotidiana. Las escaramuzas y batallas por el control claramente los perjudicaron, pero esto probablemente no fue muy diferente a las mismas escaramuzas y batallas que ocurrieron durante la decadencia del imperio. La vida no era ni más dura ni más fácil de lo que había sido antes de que el último emperador se retirara. A pesar de la belleza y el progreso de Roma, sólo un pequeño porcentaje de la población se benefició de ella. La élite romana también fue increíblemente cruel con cualquiera que intentara alterar el sistema que beneficiaba a la pequeña minoría de la población, manteniendo al resto del imperio bajo su control. Su creencia ciega de que las cosas seguirían igual dio lugar a los errores que finalmente harían más daño. Las tribus germánicas que habían despreciado y con las que habían alimentado a las bestias salvajes en el Coliseo, se vengarían dejando a la élite muerta o viviendo en una forma de vida muy diferente a la de antes.

Los cambios más interesantes se produjeron en las áreas fuera de Roma, en los lugares que los romanos tenían más dificultades para conquistar. La pequeña isla que un día sería la base de un reino completamente diferente, Gran Bretaña, fue una de las primeras áreas que Roma dejó a su suerte, incluso antes de que cayera. Las regiones que algún día formarían las principales naciones de Europa continental (España, Portugal, Francia y el Sacro Imperio romano) también pasaron los siguientes cientos de años luchando contra los invasores y comenzaron a formar las primeras raíces de las naciones en las que eventualmente se convertirían.

Capítulo 3: El fin de una Dinastía: Pipino, Carlos y Carlomán

Carlos Martel tuvo dos hijos, y aunque mantuvo el control de su reino después de dividirlo, sus hijos tomaron el control de sus respectivas regiones. Considerando el hecho de que Martel murió el mismo año en que dividió su reino, a algunos de los territorios les pareció que era hora de separarse del reino. Las revueltas se convirtieron en un problema para ambos hijos, y pasaron los dos primeros años tratando de mantener unidas sus respectivas áreas. El futuro del reino no era tan tenue como lo sería después de Carlomagno, en gran parte porque uno de los hijos de Martel demostró ser más que capaz de mantener un nivel de unidad dentro del reino mientras defendía con éxito las fronteras de los invasores. Rápidamente se hizo evidente que Pipino y Carlomán no gobernaban por igual.

La Dinastía Merovingia

Entre 476 y 751 d. C., los francos fueron gobernados por miembros de la dinastía Merovingia. Sin Roma, la familia merovingia tomó el control de la tribu germánica de los francos, convirtiéndose en la primera familia gobernante de la región. Poco se sabe sobre los orígenes de la familia más allá del hecho de que el nombre de la familia se originó con Merovech, el padre de Childerico I. Childerico era el líder tribal de los francos salios, y fue seguido por Clodoveo I a principios de la década de 480. Clodoveo I era más ambicioso, y trató de ampliar su poder para incluir a todos los francos salios, así como conquistar o anexar territorios que habían estado bajo el control de los francos ribereños y los alemanes. Conquistó gran parte de la Galia, con la excepción de Borgoña, que permaneció separada durante varias décadas más.

Clodoveo I fue el primero de los reyes francos en convertirse al cristianismo. En algún momento entre el 496 y el 506 d. C., el rey fue bautizado, y permaneció como cristiano hasta su muerte en 511. Tuvo cuatro hijos, y a cada uno le dejó una parte de su reino. Naturalmente, los hijos pasaron mucho tiempo peleando entre ellos por un mayor control sobre los francos, pero también extendieron el reino más allá de las fronteras establecidas por su padre. En 531, finalmente anexaron a su reino a Turingia, y en 534, pudieron someter a Borgoña. Aunque no pudieron conquistar Septimania, Baviera y las regiones septentrionales de Sajonia, los hermanos lograron un considerable dominio en esas regiones. En el año 558 solo quedaba un hijo, Clotardo I, que se convirtió en el único gobernante durante los tres años siguientes. Murió en 561.

Después de su muerte, el reino se dividió de nuevo en cuartos, lo que condujo a las inevitables luchas internas que siempre ocurren cuando se espera que los hermanos compartan el control de un reino. Las luchas internas llegaron en un momento peligroso para el reino porque las tribus del oeste, sureste y este ejercían presión sobre el reino, aunque la lucha entre los hermanos todavía parecía ser más intensa que las batallas con los pueblos de alrededor. Sin embargo, a medida que la presión del exterior se hacía más fuerte, el reino tuvo que ser reorganizado para proporcionar un mejor apoyo a las zonas vulnerables. Al este, varias áreas se fusionaron para formar el reino de Austrasia. Al oeste, las áreas se incorporaron al reino de Neustria, cuya primera capital fue Soissons. Al sur, Borgoña emergió como su propio reino. Estos reinos no se fusionaron en un solo reino hasta el año 613 cuando Clotardo II heredó el control de ellos. Clotardo dejó todo el reino a su hijo Dagoberto I, pero Dagoberto dividió el reino en 639. Sin embargo, en ese momento, el gobernante era poco más que una figura sin poder real. Había dos reinos distintos, Austrasia al noreste y Neustria y Borgoña al suroeste. En lugar de que el rey tuviera el poder sobre estos dos reinos, eran los alcaldes del palacio quienes controlaban estas áreas respectivamente. En el momento de la muerte de Carlos Martel, no existía una clara necesidad de perpetuar esta dinastía.

Las secuelas inmediatas después de la muerte de Martel

Antes de morir, Martel ya se había asegurado de que continuara el orden en el reino. Su hijo mayor, Pipino, era el alcalde del palacio de Neustria, Borgoña y Provenza, la región más recientemente sometida por Martel. Había sido el territorio de otro alcalde, pero Martel lo había derrotado para tomar el control varias décadas antes. Carlomán controlaba Austrasia, Alemania y Turingia, regiones que habían estado bajo el cuidado de su padre desde que Martel le arrebató el control a la viuda de su padre.

Casi inmediatamente comenzaron a surgir problemas en ambas regiones ya que algunos vieron la oportunidad de convertirse en sus propios líderes en lugar de ser leales a los hijos de Martel. 6 lograron sofocar las revueltas posteriores, pero sabían que necesitarían un enfoque más cohesivo si querían que el reino permaneciera unido. En un esfuerzo por sofocar la incertidumbre, eligieron a Childerico III para que actuara como líder de los francos. Como último miembro masculino de la dinastía merovingia, pensaron que sería una mejor figura que fuera más aceptable para el pueblo. Así fue como a finales de 743, el reino de Martel volvió a tener una sola figura, aunque el mandato de Childerico III no duró mucho.

Pipino el Breve

Carlomán no estaba tan interesado en gobernar su reino como su hermano Pipino. En lugar de gobernar a las personas en su área, Carlomán estaba más interesado en llevar una vida piadosa, y en 747, dejó su posición a Pipino para seguir una vida religiosa. Como resultado, Pipino se convirtió en la única figura de los francos, lo que significaba que todas las revueltas y problemas del reino debían ser resueltos por él. Esta no era una tarea pequeña considerando que ahora tenía el control de todo el reino que Martel había creado.

Además de los ataques de los forasteros al reino y las revueltas de los líderes menores, Pipino tuvo que lidiar con otros miembros de su familia que sentían que ellos deberían ser los que estaban en el poder. El miembro de la familia más notable que se rebeló contra Pipino fue Grifo, que era el medio hermano del líder franco. Pipino pudo reprimir la revuelta de su medio hermano sin demasiada dificultad. Sin embargo, todavía existía un problema que Pipino tuvo que superar; Childerico III todavía estaba vivo. Ahora que los dos hermanos no estaban trabajando para gobernar juntos, no existía la necesidad de una figura simbólica.

A diferencia de su padre, Carlos Martel, Pipino quería trabajar con el papa para establecer una relación que lo beneficiara tanto a él como al papa. Cuando escribió al papa Zacarías en 750, el papa respondió ungiéndole rey, dándole a Pipino el apoyo que necesitaba para ir en contra Childerico III. Para asegurarse de que Childerico III permaneciera, Pipino lo obligó a entrar en la vida religiosa y luego se proclamó rey franco en 751 d. C. Con el respaldo del papa Zacarías, Pipino, conocido comúnmente como Pipino el Breve y que se convirtió en Pipino III una vez que fue coronado, pudo asumir el control con la apariencia de un apoyo divino. En 752, el papa Zacarías murió, y el siguiente papa fue Esteban II. Un año después, el nuevo papa viajó al reino franco y permaneció allí durante casi un año mientras él y el rey franco construían una relación más fuerte. El reino franco había ganado mucha influencia y control en Europa, por lo que correspondía a los papas asegurarse de que tuvieran una buena relación con los gobernantes. Después de ungir a Pipino y sus dos hijos, Carlos y Carlomán I, Esteban II se preparó para regresar a Roma. Para lograrlo, necesitaba la ayuda de Pipino porque los lombardos habían tomado el control de gran parte de la Italia moderna. Pipino condujo al rey lombardo, Astolfo, de regreso a su capital, dejando al resto del país abierto al saqueo. Pipino y su ejército no se detuvieron hasta que Astolfo acordó restaurar las tierras de la Iglesia al papa. Cuando el rey lombardo rompió el acuerdo, Pipino regresó en 756 y lo derrotó. Astolfo murió en diciembre de 756, y el papa Esteban II murió unos meses después. Sin embargo, los problemas entre los lombardos y la iglesia continuaron, ya que Pipino tuvo que intervenir para ayudar al papa.

Aunque Pipino ayudó a la Iglesia tanto como pudo, su propio reino tenía problemas a menudo, y las revueltas eran un desafío tanto en Sajonia como en Baviera. Pipino finalmente murió después de un viaje a Aquitania en 768.

Pipino fue uno de los líderes más fuertes de la dinastía carolingia, pero no pudo eclipsar los logros de su padre, Carlos Martel, o su propio hijo, Carlos el Grande. Pipino era mucho más religioso que su padre, y transmitió su devoción a la Iglesia a sus dos hijos, Carlos y Carlomán.

Carlos toma el control

El hijo mayor de Pipino, Carlos, nació unos ocho años antes de que se convirtiera en el Rey de los francos. No se sabe mucho sobre sus primeros años de vida, aunque se sabe que hablaba latín y que al menos entendía griego. Cuando su padre murió en 768, Carlos recibió el control de las porciones externas del imperio, mientras que su hermano, Carlomán I, debía controlar las porciones internas del reino. Sin embargo, los hermanos tenían una relación conflictiva, y su capacidad para trabajar juntos a menudo era tensa. Carlomán tenía solo diecisiete o dieciocho años cuando murió su padre, por lo que

Carlos trabajó para crear alianzas para fortalecer la posición de su hermano contra las fuerzas externas. Sin embargo, esta era una forma de preservar las tierras, más que una forma de ayudar a su hermano.

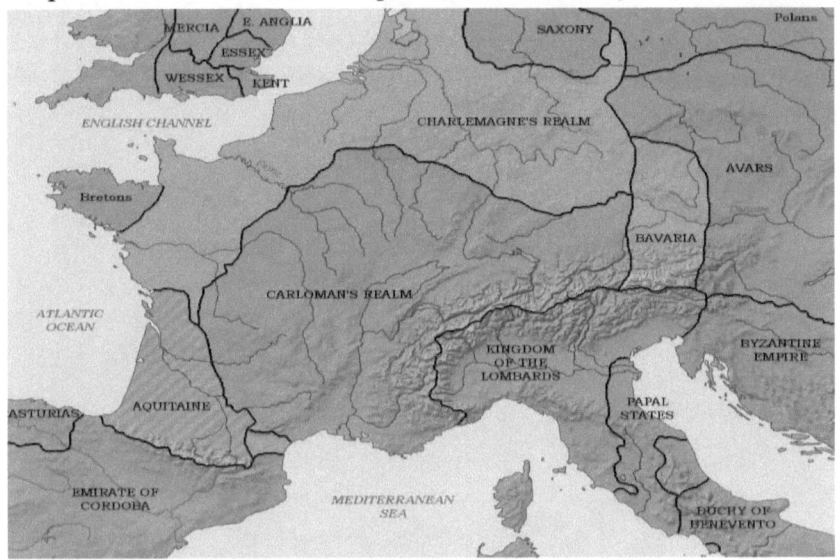

El reino franco después de la muerte de Pipino
https://www.alternatehistory.com/forum/proxy.php?image=http%3A%2F%2Fi.imgur.com%2Fr7RP4Wd.jpg%3F1&hash=6669f36345db113e9088b02507245817)

En un esfuerzo por construir alianzas con sus vecinos, Carlos se casó con la hija del rey lombardo, Desiderata. En lugar de tranquilizar a su hermano, esto causó nerviosismo a Carlomán y al Papa, debido a las intenciones de Carlos. Su preocupación resultó ser innecesaria ya que Carlos se divorció de esta esposa y se casó con la hija de un noble, Hildegard. Parece que Carlomán trabajó con el rey lombardo después de esta afrenta, pero esto no dio ningún fruto. Carlomán murió en el 771, solo tres años después que su padre. La historia ha hecho difícil saber lo que realmente le pasó a Carlomán, y naturalmente hay historias de que Carlos tuvo que ver con la muerte de su hermano. Sin embargo, la mayoría de los historiadores no creen que Carlos estuviera involucrado o que fuera consciente de los problemas de salud de su hermano. Carlos no era joven pero tampoco era viejo, ya que aún no tenía treinta años y sus ambiciones demostraron ir mucho más allá que las de cualquiera de sus predecesores.

Capítulo 4: Las conquistas de Carlos

Cuando Pipino el Breve murió, Carlos tenía solo 26 años, y casi 30 cuando se convirtió en el único líder del reino franco que había pertenecido a su padre. Pasaría casi 50 años luchando contra otras tribus germánicas y expandiendo su control sobre una gran parte de Europa Occidental. Durante el tiempo que gobernó a los francos, Carlos tomó el control de gran parte de la actual Alemania e Italia, creando el mayor reino o imperio desde los días del Imperio romano. Desde el momento en que Carlos llegó al poder como único gobernante en el año 771 hasta su muerte en el año 814, construiría un imperio que finalmente le valió un nuevo nombre, el cual permanece hasta el día de hoy.

Carlos llegó a ser conocido como Carlos el Grande por su destreza militar y su capacidad para tomar el control de regiones que eran notoriamente difíciles de someter. Sin embargo, a diferencia de los romanos trató de hacer que las regiones bajo su control se ajustaran a sus normas y a su religión. Con la llegada del rey Carlos el Grande, había más razones para luchar a muerte para tratar de mantener vivas las viejas tradiciones y creencias.

El mundo y las relaciones antes del gobierno de Carlos

Había dos regiones que podían plantear un problema al gobierno de Carlos, aunque la gente en el poder en una de las áreas no había mostrado mucho interés en luchar contra Carlos al principio de su reinado, debido a un acuerdo que había estado en vigor entre los lombardos y los francos que se remontaba a casi 200 años. Los sajones, por otra parte, siempre habían sido un problema, y su exitosa expansión suponía una amenaza potencial para Carlos y su reino.

Los Lombardos

Los lombardos habían establecido un reino en el territorio de lo que se conoce como la Italia de hoy en día. Eran una tribu germánica fundada en Escandinavia, pero comenzaron a migrar hacia el sur junto con muchas otras tribus germánicas en algún momento entre 376 y 476 d. C. Este período fue llamado la Gran Migración, y ocasionó que muchas tribus se movieran en áreas que una vez habían sido parte del Imperio romano. Para el siglo VI, se habían establecido en una región cercana a las tribus de los ávaros y los gépidos. Los gépidos habían controlado la zona, pero ni los ávaros ni los lombardos estaban de acuerdo con la forma en que los gépidos controlaban la región. La alianza resultante entre ambos dio una ventaja a los ávaros cuando el líder lombardo, Alboino, acordó que los ávaros podrían tener el control si eran capaces de derrocar a los gépidos con éxito. Desafortunadamente, para los lombardos, los ávaros demostraron ser aún más controladores de lo que habían sido los gépidos.

Alboino estuvo presente cuando el rey de los gépidos fue asesinado, y se dijo que hizo una copa con el cráneo del líder derrotado. Mientras los ávaros ganaban el control de la región, Alboino eligió casarse con la hija del antiguo líder de los gépidos, Rosamunda, en contra de sus deseos. Como los lombardos se encontraron rápidamente en una posición peor bajo los ávaros de la que habían estado bajo los gépidos, Alboino decidió reubicarlos. Los líderes de su ejército habían pasado un tiempo en el norte de Italia y recomendaron esa zona como destino para la reubicación de la tribu lombarda.

Como muchos de los líderes de los militares lombardos tenían un conocimiento vital del norte de Italia, pudieron tomar fácilmente el control de una gran parte de la región. Los lombardos dejaron su hogar alrededor del año 567, y para el 572, habían tomado y subyugado gran parte de la Italia moderna. Alboino tenía más tierra de la que podía controlar por sí mismo. Dividiendo el reino lombardo en 36 ducados, asignó duques para que gobernaran cada uno de ellos. Esto causó muchas luchas internas, y cada una de las diferentes regiones se desarrolló de manera diferente ya que algunos de los ducados tenían líderes que eran fuertes, mientras que otros tenían gobernantes débiles que solo se ocupaban de sí mismos. Sin embargo, Alboino no le prestó mucha atención a la gestión de su reino porque estaba más preocupado por mantener sus fronteras seguras.

Los Sajones

Los sajones fueron una de las principales tribus germánicas incluso antes de la caída del Imperio romano en Europa Occidental. Sus tierras se extendían por todo el norte de Europa e incluían la actual Dinamarca, los Países Bajos y Alemania. Su nombre se deriva de un tipo de cuchillo llamado *el seax* que a menudo llevaban los miembros de su tribu. Estos cuchillos fueron mencionados en varios escritos romanos que han sobrevivido hasta hoy.

Durante la gran migración en el siglo V, algunos sajones se trasladaron a Gran Bretaña después de que los romanos abandonaron la isla. Aquellos que permanecieron en la Europa continental a menudo se encontraron en desacuerdo con los francos. Las peleas eran comunes, y los francos frecuentemente tomaban el control de pequeñas porciones del territorio sajón. Con el tiempo, los francos se apoderaron de gran parte de los territorios sajones, y Carlomagno finalmente se apoderó de su territorio por completo. Los sajones que se habían ido a Gran Bretaña se mantuvieron fuertes, pero los que se habían quedado en el continente pasaron a formar parte del reino franco.

Los sajones fueron una de las últimas tribus importantes de Europa que se negaron a renunciar a sus dioses en favor del dios cristiano. Esto resultó ser un punto de discusión entre ellos y el rey Carlos, y se volvió aún más cruel con ellos que con casi cualquier otra persona que atacó para expandir su reino.

El problema con los Lombardos

Los problemas entre los lombardos y los francos estaban bien claros, pero el rey Carlos agravó el problema cuando aceptó casarse con la hija del rey lombardo Desiderio. Luego se retractó del acuerdo, y cuando su hermano murió, Carlos se hizo cargo de todas las regiones de su hermano. Esto fue un alivio para el papa porque Pipino el Breve le había dado tierras al papa después de conquistar partes del territorio lombardo. Esto fue considerado un regalo al papado, y creó un imperio en miniatura que el papa controlaba dentro del reino Lombardo, lo que obviamente molestó a los lombardos, y buscaron maneras de reclamar sus tierras. Había mucha ira cuando Carlos llegó al trono, y se desbordó cuando Carlos demostró ser poco fiable en cuanto a sus promesas.

La primera vez que Carlos hizo campaña contra alguno de sus vecinos fue en el año 772. El papa Adriano I había decidido que era hora de recuperar las tierras que habían sido parte de la Iglesia cristiana originalmente. Las tierras estaban en Rávena, justo a las afueras de Roma. Por su parte, el rey lombardo Desiderio decidió tomar más tierras de la Iglesia y continuó dirigiéndose a Roma.

Con los lombardos más agresivos, el papa buscó la ayuda de uno de los mayores defensores que tuvo, el rey Carlos. Pipino había puesto en marcha políticas que aseguraban que él y sus descendientes ayudarían al papa cuando fuera necesario. Como Pipino el Breve había sido devoto, iría en contra de cualquiera que disminuyera el poder del papa. Desiderio sabía que no podía permitirse tener un enemigo tan poderoso, por lo que trató de afirmar que las acusaciones del papa eran infundadas. El rey Carlos se puso del lado del papa e insistió en que Desiderio debía cumplir con las demandas del papa. Desiderio dijo inmediatamente que nunca cumpliría, lo que enfureció al rey franco.

En 773, el rey Carlos marchó sobre los Alpes con su fuerza militar y condujo a Desiderio y a los lombardos hasta Pavía. Una vez que los lombardos estuvieron en Pavía, el rey Carlos comenzó un asedio a la ciudad, que duró hasta el año 774. Durante la primavera de 774, el rey Carlos acudió al papa, y se le concedió el título de patricio. Cuando regresaron a Pavía ese verano, los lombardos estaban listos para rendirse. Para sobrevivir, los lombardos aceptaron los términos del rey Carlos.

Este fue el comienzo de las campañas de Carlos contra sus vecinos que no estaban de acuerdo con sus ideas y su religión. Habiendo demostrado su lealtad al papa antes que nadie, existían buenas razones para que los reinos y tierras vecinas se preocuparan. Carlos ya había demostrado que tenía la misma inteligencia militar que su padre y, más importante aún, la inteligencia militar de su abuelo, Carlos Martel, lo cual fue muy perjudicial para todos lo que eligieron enfrentarse a él.

Las Guerras Sajonas

Había muchas razones por las que el rey Carlos y los sajones no estuvieron de acuerdo. Los sajones habían sido un problema de larga data para los francos, demostrando ser tan fuertes e inteligentes militarmente como los francos.

En 773, el rey Carlos comenzó una campaña en territorio sajón, tomando el control de las tierras de Angria (una de las cuatro regiones en manos de los sajones), pero no pudo adentrarse más en el territorio debido a los problemas con los lombardos. Aunque Carlos había comenzado una campaña en territorio sajón, ayudar al papa era su primera prioridad y no pudo reanudar esta campaña contra los sajones hasta el año 775. Técnicamente, esta sería considerada su primera campaña, pero no la terminó hasta que sometió a los lombardos.

Carlos finalmente terminó de cruzar la región de Angria y luego continuó luchando en otros territorios sajones. Logró someter a tres de las cuatro regiones, pero eso no significó que los sajones hicieran fácil el control de sus tierras. En 776, Carlos se vio obligado a regresar al territorio sajón porque los sajones habían destruido una de sus fortalezas. Aunque Carlos logró tener la región bajo su control nuevamente, no pudo mantener encarcelado al líder sajón, Viduquindo, quien el líder escapó a Dinamarca.

En 777, Carlos incorporó plenamente a los sajones a su reino, obligándolos a convertirse en cristianos. Era obligatorio para ellos aceptar y adorar al dios cristiano, y así, los sajones tuvieron que renunciar a sus propias creencias y tradiciones. En total, la guerra entre Carlos y los sajones duró 33 años, con 18 grandes batallas. Los sajones eran la mayor amenaza para su reino, y no se rindieron inmediatamente, incluso después de ser derrotados en la batalla. Su desafío dio lugar a que el rey franco tomara la acción extremadamente cruel de ejecutar a unos 4.500 prisioneros sajones, en el transcurso de un solo día. Hoy en día, esto sería tratado como un crimen de guerra, y el hecho de que Carlos lo hiciera en nombre de Jesucristo es algo que mucha gente no le da importancia hoy en día, salvo en el caso de los historiadores.

La invasión del territorio musulmán

El rey Carlos hizo algo que su abuelo no había intentado hacer: comenzó a empujar hacia el sur, hacia un territorio que había estado bajo control musulmán en lo que ahora es el sur de Francia y el norte de España. Simplemente controlar a los musulmanes no fue suficiente para el celoso Carlos.

El gobernador de Barcelona buscó la ayuda del rey franco en 777. El gobernador esperaba que la amenaza del califato omeya pudiera ser removida del poder con la ayuda de Carlos, o al menos empujarlos lo suficientemente lejos como para que no representaran una amenaza tan grave para Barcelona. El rey franco respondió en 778 marchando hacia lo que ahora es España, donde su ejército se dividió en dos. La primera división se envió a través de las montañas de los Pirineos Orientales, mientras que la segunda cruzó los Pirineos Occidentales para presionar al enemigo desde ambos lados. Su primer éxito fue en la ciudad cristiana de los vascos, España. Ignorando el hecho de que eran cristianos, la ciudad fue sitiada.

Su siguiente gran victoria fue en Zaragoza, donde obtuvo muchos botines de esta rica región. Este fue el comienzo de la recuperación de la región que había estado bajo control musulmán durante siglos. Desafortunadamente, los francos cometieron el error de viajar con todo el botín de su conquista a través de los Pirineos. Esto debería haber sido un error obvio, especialmente porque no tenían forma de protegerse mientras marchaban por los valles con su botín. No solo molestaron a la población musulmana, también habían enojado a los cristianos, dando a las dos partes una razón para unirse. Y esto fue exactamente lo que sucedió. La gente de los vascos se unió a los musulmanes, y atacaron a los francos en la batalla del paso de Roncevaux, destruyendo toda la retaguardia mientras avanzaban por los estrechos senderos de las montañas. El sobrino del rey Carlos murió durante el ataque.

Cuando Carlos se enteró de la muerte de su familiar, se volvió hacia el gobernador que había buscado su ayuda. Marchando a Barcelona, Carlos tomó prisionero al gobernador. Estaba claro que no estaba acostumbrado a perder, y algo tan sorprendentemente doloroso como la muerte de su sobrino hizo que el rey actuara de una manera inexcusable. En lugar de aceptar que su gente había cometido un error, buscó un chivo expiatorio para poder librarse de alguien que honestamente había buscado ayuda. Esto debería haber sido una advertencia para sus aliados de que el rey Carlos era alguien en quien no se podía confiar por completo si las cosas no salían bien.

Más allá de los límites

Los lombardos y los sajones fueron las mayores amenazas y premios potenciales para el rey Carlos. Al apoderarse de sus tierras, construyó un imperio mucho más grande que no se había visto desde que Roma había gobernado sobre Europa occidental. Sin embargo, esto no fue suficiente para el rey Carlos. Después de vencer a los lombardos, Carlos continuó presionando hacia el este hacia los territorios que controlaban los ávaros.

A principios del siglo IX, el rey franco había logrado hacerse cargo de la actual Bélgica, Francia, Alemania, Hungría, Países Bajos y Suiza, así como una gran parte de la actual Austria, Italia y España. Las habilidades militares de Carlos fueron mucho más allá de ser simplemente un estratega brillante. Sabía cómo entrenar a sus militares y cómo mandar a sus hombres. A diferencia de los romanos, no podía simplemente dejar que las áreas conquistadas funcionaran como siempre lo habían hecho. Muchos de los sistemas que implementó se usaron en todo su reino, dando a la nobleza y a las otras personas en el poder un sentido de unidad.

El rey Carlos demostró durante este tiempo que era un experto en estrategia militar, pero que no era un gobernante amable o indulgente. La reputación que tiene hoy a menudo pasa por alto los horrores que dejó a su paso y cómo atacó a sus aliados cuando las cosas no salieron bien. Es recordado como uno de los primeros gobernantes cristianos, pero sus acciones fueron a menudo contrarias a las enseñanzas de Cristo.

Capítulo 5: En nombre de la Religión

A pesar de muchas de sus acciones, el rey Carlos se consideraba cristiano y, por lo general, trataba de hacer lo correcto, principalmente en lo que respecta a la conquista. Hizo muchos cambios que beneficiaron a las personas en su reino, y que continúan siendo una gran parte de su legado hoy. Quizás las atrocidades que cometió en nombre de su religión no se discuten hoy debido a lo incómodo que el tema podría hacer sentir a la gente. Hoy, muchas naciones no creen que debería haber una religión oficial, pero Carlomagno no tenía el mismo pensamiento. Tomó su religión y la convirtió en la base del gobierno, al igual que muchos otros reinos en ese momento.

Si hubiera seguido el ejemplo de los romanos, hubiera sabido que implementar sus otros cambios habría sido mucho más fácil de manejar. La destrucción completa de todas las creencias y tradiciones de los pueblos conquistados generalmente funciona contra los conquistadores, como la historia ha demostrado en repetidas ocasiones. Hay muchas razones por las que el Imperio carolingio no duró mucho, pero al forzar un cambio fundamental en la gente, significó que nunca aceptaron por completo la pérdida de sus viejas costumbres. Esencialmente, Carlos les dio una razón para seguir luchando, y eso resultó en algunas atrocidades que no pueden ser excusadas.

La religión ha sido la base de algunas de las mayores atrocidades del mundo, y muchas personas creen que la Edad Media fue el pináculo de este tipo de comportamiento. Es discutible que la Edad Media no fuera peor que las acciones modernas. Tenga en cuenta que las Inquisiciones, la caza de brujas, la Revolución Protestante y la Contrarreforma fueron parte de la era moderna temprana, y el genocidio se usó para excusar la matanza de pueblos indígenas durante el siglo XIX y personas de otras religiones e ideas durante Segunda Guerra Mundial. La Edad Media tuvo las Cruzadas, pero no hay muchos otros casos que se destacan como atrocidades impulsadas por la religión durante este tiempo. La excepción a esto fue lo que el rey Carlos hizo en nombre de su religión, y que además contó con la venia del papa.

Este capítulo da una mirada más crítica al venerado rey de los francos antes de convertirse en Carlomagno, el emperador del Sacro Imperio romano.

Una fusión entre la Iglesia y el Estado

El rey Carlos era devoto, como su padre. Mostró considerable paciencia y tolerancia hacia su hermano menor, Carlomán, lo que definitivamente refleja sus valores cristianos. También trabajó para asegurar el éxito de su hermano, aunque tenía algunas razones seculares para hacerlo.

Una vez que el rey Carlos se convirtió en el único gobernante de los francos, comenzó a implementar leyes y requisitos que estaban completamente basados en su religión. Trabajó estrechamente con el papa, incluso rompiendo un tratado con los lombardos e invadiéndolos para ponerse del lado de su líder espiritual.

Había muchas cosas malas en la forma en que Carlos implementó las leyes cristianas, en gran parte porque se centró en los deseos del papa en lugar de las enseñanzas de Cristo. Cuando escuchó las enseñanzas de la Biblia, escogió las partes que quería escuchar e ignoró el resto. Siempre que un gobernante trata de aprobar leyes y hacer cumplir juicios basados en la religión, las hipocresías e inconsistencias son inevitables. Muchos de los abusos de la Iglesia se produjeron porque el rey franco puso los deseos del Papa por encima de todos los demás. Posteriormente, esto demostró ser más que problemático, aunque el papa perdió mucho de su poder después de la caída del Imperio Carolingio. Pasaría algún tiempo antes de que el papa recuperara el tipo de poder que la mayoría de la gente asocia con el Papa durante la Edad Media y los comienzos de la era moderna. Mucho de su poder provenía de las familias ricas y poderosas que surgirían bajo el Sacro Imperio romano germánico, tal como surgieron bajo Otón I.

Los cambios que Carlomagno llevó a cabo fueron extensos, y muchos de ellos fueron definitivamente para el mejoramiento de la gente. Estos serán cubiertos con más detalle más adelante para ilustrar cómo Carlomagno comenzó muchos de los sistemas que unieron a gran parte de Europa, muchos de los cuales fueron utilizados después de la caída del Imperio carolingio. Estos sistemas se basaban en el cristianismo y eran en gran medida positivos. Sin embargo, este capítulo señalará cuán perjudiciales fueron esos cambios, los cuales son ignorados por los historiadores con mucha frecuencia debido a que los cambios positivos fueron mayores.

Forzar a los vencidos a aceptar su religión

Como se ha mencionado anteriormente, el rey franco fue particularmente brutal con la gente que conquistó y que no compartían la misma religión, y en particular, fue muy cruel con los sajones. Por un lado, las guerras sajonas duraron más de tres décadas pues no querían ser invadidos por los francos. Su deseo de no ser conquistados se hace aún más comprensible, considerando lo que Carlos le hizo a los sajones después de tomar la mayor parte de su territorio.

La disputa entre los francos y los sajones no era nueva. Llevaban siglos luchando, y durante los años anteriores a la llegada del rey

Carlos, los sajones habían estado expandiendo su territorio durante mucho tiempo por diferentes regiones, pero Carlos no estaba dispuesto a dejar que siguieran intentando expandirse en su territorio. Para asegurarse de que no siguieran siendo un problema, comenzó a presionarlos y adentrarse en sus dominios, y en su mente, una forma de asegurarse de que no siguieran siendo un problema era convertirlos al cristianismo.

Quedaban pocas regiones de Europa en las que se continuara adorando a dioses paganos, siendo las tribus germánicas escandinavas otra tribu importante que aún no se había convertido al cristianismo. El rey Carlos no hizo presión real en las áreas escandinavas, y parece que los escandinavos tampoco prestaron mucha atención a los francos. Esta es probablemente la razón por la que Carlos no intentó conquistarlos o convertirlos, pues la religión no era su única motivación, aunque no temía usarla cuando fuera necesario, lo cual quedó demostrado con el ataque a una ciudad cristiana en España.

Hay varios casos en los que el rey franco tergiversó los principios de su religión, pero el peor ejemplo fue la forma en que trató a los sajones una vez que tomó el control de la mayoría de sus regiones. Los hombres que tomó prisioneros tenían la oportunidad de sobrevivir si optaban por convertirse al cristianismo y aquellos que se negaban eran decapitados. La peor grabación de esto dice que Carlos hizo ejecutar a unos 4.500 prisioneros en un solo día. Esto logró romper la voluntad de los sajones, y dejaron de ser un problema serio por el resto del reinado de Carlomagno.

Es quizás irónico que, al no enfrentarse a las tribus escandinavas, de alguna manera Carlomagno preparó a los pueblos a lo largo de la costa para los ataques de los vikingos durante años. Los vikingos sufrieron su propia persecución por parte de los cristianos debido a su religión pagana, y aprendieron a fingir ser cristianos siempre que comerciaban con los cristianos. Los vikingos que atacaron, eligieron los monasterios e iglesias cristianas porque eran los lugares con más riqueza y botín. Con el tiempo, los vikingos se convirtieron al cristianismo por su cuenta, al igual que la gran mayoría de la población europea.

Más fracturas en el Imperio bizantino

Hubo muchos problemas entre Europa Oriental y Occidental que surgieron tras la caída de Roma. El hecho fue que gran parte de Europa Oriental se convirtió en el Imperio bizantino, el cual se convirtió en uno de los actores más influyentes en el escenario mundial durante casi un milenio. Se creían el Imperio romano, a pesar de que Roma había caído (habían sido parte del antiguo imperio, pero tenían diferentes gobernantes), y sentían que Occidente seguía siendo parte de su imperio por lo que querían recuperarlo de las tribus germánicas que se levantaron después de la caída de Roma.

Una de las cuestiones más importantes de la recuperación de Occidente, era que los dos lados de Europa tenían creencias diferentes en cuanto a sus ideas sobre el cristianismo. En el Imperio bizantino, había varios jefes de la Iglesia ubicados en varias ciudades del imperio, aunque había un líder situado en su capital, Constantinopla. Sin embargo, en Europa Occidental, creían que el papa era el jefe legítimo de la Iglesia cristiana, y no escuchaban nada de lo que decía cualquier otro líder religioso (al menos no durante la Dinastía carolingia). Este fue un punto de discusión serio entre las dos partes: el Imperio bizantino no reconocía al papa como la cabeza de la Iglesia, y la gente de Europa Occidental no reconocía a los líderes orientales como relevantes para el cristianismo. Había otras diferencias entre los dos bandos, siendo ciertas creencias los principales puntos de conflicto entre ambos, que culminó con el Gran Cisma en el siglo XI.

Los problemas entre el cristianismo oriental y occidental se agravaron durante el Imperio carolingio, como se detalla en el siguiente capítulo. Considerando la importancia de Carlomagno en Occidente, su voluntad de molestar al emperador oriental para su beneficio personal muestra que estaba de nuevo dispuesto a usar la religión como una herramienta. Carlomagno definitivamente sintió que el papa tenía la última palabra, pero aun así no tenía que aceptar el título de emperador, pues el papa no tenía la autoridad para declararlo emperador. El rey Carlos debía saber que esto crearía más problemas con el Imperio bizantino, pero aceptó el título de todas formas porque le daba la apariencia de que tomaba decisiones con la bendición del dios cristiano, al menos en Europa Occidental. Esto no fue lo único que hizo para molestar a Oriente, pero es uno de los hechos más destacados.

Capítulo 6: El Papa León III y la fundación de un Imperio

En el 800 d. C., el rey franco seguía siendo el rey Carlos. También se le conoce hoy como Carlos el Grande, pero el nombre por el que la mayoría de la gente conoce a este gobernante europeo es Carlomagno, el nombre que se le dio cuando fue declarado emperador por el papa León III. Esta declaración no se hizo basada en la aptitud de Carlos para ser emperador, sino más bien se hizo porque el papa le debía un favor.

El precedente

La relación entre el papa y el rey franco comenzó en realidad bajo el gobierno de Pipino el Breve (el padre de Carlomagno) cuando se mostró dispuesto a ayudar al papa con sus problemas. Como pago por su apoyo, el papa le dio a Pipino el Breve la autoridad para remover al rey Childerico III del poder y convertirse en el rey. Ningún papa tenía realmente este tipo de autoridad. El dominio del papa debería haberse restringido a la religión, pues no tenía dominio sobre tierras y reinos. Esta voluntad de hacer favores a los líderes a cambio de su apoyo y tierras demostró que la Iglesia Occidental era mucho más secular de lo que había sido al principio.

Usurpando el poder que una vez tuvo la dinastía merovingia, Pipino el Breve pudo establecer la Dinastía carolingia. Irónicamente, la dinastía que fundó tuvo una duración mucho más corta que la dinastía que eliminó del poder. Sin embargo, mostró una relación muy estrecha entre los francos y el papado, que se definiría aún más bajo el hijo de Pipino, Carlos.

El Problema del Papa

El cargo del papa, era un cargo instituido que no se basaba en el nacimiento sino en la capacidad de guiar a la gente de la Iglesia a vivir más cerca de su dios. A finales del siglo VIII, este cargo fue utilizado a menudo por algunas personas como una forma de ganar poder, y algunos miembros de las familias que estaban relacionadas con el Papa sentían que la posición debía basarse en las líneas de sangre, como una dinastía.

Esto se convirtió en un punto de discusión cuando el papa Adriano I murió el día de Navidad en 795. Adriano I había buscado mantener la posición del papa y la Iglesia independiente de influencias externas, aumentando los poderes de la Iglesia por sí misma y manteniendo tanto a Carlos el Grande como al Imperio bizantino a distancia. Sentía que la Iglesia debía mantenerse separada de los poderes seculares, algo que la mayoría de los países creen hoy en día. Su sucesor, el papa León III, no sentía lo mismo, y pronto se alió con Carlos el Grande.

Uno de los parientes de Adriano I, Pascual, había sentido que merecía la posición de papa y el poder del papado, así que cuando León III ascendió a la posición más alta, Pascual sintió que había sido engañado. Su ira se cuajó durante varios años, y sólo salió a la luz cuando otros se molestaron por el obvio favor de León al rey franco y su negativa a sacar a la Iglesia de los problemas seculares. La ira finalmente se desbordó el 25 de abril de 799, cuando los conspiradores atacaron al papa. Creyeron que no estaba cualificado para el papel e intentaron cegar a León III y quitarle la lengua.

Pensaron que, si el papa no podía ver o hablar, tendría que ser reemplazado.

León sobrevivió al ataque y huyó a los Alpes y buscó a la única persona que él sabía que le daría el apoyo necesario para acabar con los disidentes. Se sabe que el rey franco y el papa llegaron a un acuerdo, aunque los términos exactos no se conocen hoy en día. Ninguna de las partes admitiría abiertamente que se había llegado a un acuerdo porque les habría hecho quedar mal a ambos; parece que Carlos solo ayudó al papa a cambio de un reembolso, y el papa parece haber estado dispuesto a ceder los derechos del papado para mantener su posición.

Cualquiera que fuera su acuerdo, Carlos escoltó al papa León III de vuelta a los Alpes y a Roma unos tres meses después. Se estableció una comisión a finales del 800, y rápidamente desacreditó cualquier problema que los disidentes habían expresado con respecto a la capacidad del papa para cumplir adecuadamente su papel. La comisión arrestó a las personas que habían acusado a León III de no ser apto para el cargo de papa. Esto solucionó un problema, pero la creciente incertidumbre en torno a la idoneidad del papa para ejercer el cargo no disminuyó. Muchos en Roma estaban confundidos sobre lo que pasaría después, y Carlos volvió a intervenir para restaurar el orden. Esta vez, Carlos se quedó para presenciar la purga de León de los cargos que le habían hecho los disidentes. Ya sea que lo hiciera como un acto de misericordia o simplemente como una muestra de piedad, el papa León III perdonó las vidas de aquellos que los habían atacado, y los desterró el 23 de diciembre de 800.

León y Carlomagno habían logrado establecer una paz provisional, pero estaba claro que gran parte de la paz estaba ligada a la presencia y voluntad de Carlos de apoyar al papa. En este momento, no era obvio la obtención de algún beneficio para el rey franco, pero esto cambió en cuestión de días.

Un nuevo y peligroso precedente

El rey Carlos tenía otra razón para estar en Roma ya que su hijo, Luis, iba a ser consagrado como el rey franco en la Basílica de San

Pedro. Después de consagrar al hijo de Carlos, el papa León III coronó al rey Carlos como emperador del Sacro Imperio romano, el 25 de diciembre de 800.

Esto tuvo muchas repercusiones serias, y los beneficios de tal declaración no fueron solo para Carlos. Se desconoce si esto formaba parte del acuerdo de asistencia, y se dice que la coronación fue una sorpresa para el pueblo, aunque no se dice si el propio Carlos se sorprendió o no. Al declarar un nuevo emperador, el papa no solo hizo que la gente olvidara las humillaciones que había sufrido a principios de año, sino que otorgó al papado un poder que nunca antes había tenido. El papa León III sólo pudo haberse beneficiado de tal calculada toma de poder. Era a la vez revolucionario y notoriamente ilegal, ya que el papa no tenía tal autoridad, ni dentro de la institución religiosa ni como parte de la estructura de poder europea. Esto demostró ser un movimiento increíblemente perjudicial por parte de la Iglesia, como lo demostraría Otón I poco más de 160 años después. Sin embargo, el papa León III no tenía problemas en hacer una proclamación tan ilegal y dudosa porque sabía que el nuevo emperador siempre estaría de su lado.

Además de tratar de enterrar sus propias humillaciones, el papa estaba tratando de crear un imperio que pudiera combatir al Imperio bizantino. León III sentía que su poder debía expandirse mucho más allá de Europa Occidental, y no fue el último papa en creer esto, lo que eventualmente culminó con el Gran Cisma que dividió al cristianismo en la Iglesia católica romana y la Iglesia ortodoxa griega. Este intento fue uno de los muchos otros para forzar la religión occidental y convertirla en la Iglesia Oriental, la cual era mucho más estructurada y progresiva. El intento de León III fracasó miserablemente porque el nuevo emperador no tenía interés en tratar de tomar el control de Europa Oriental. Se centró directamente en Europa Occidental, pues todavía estaba muy fracturada. Por su parte, el emperador y los jefes de la Iglesia en el Este vieron el ascenso de Carlos a la posición de emperador como una usurpación de un papel que no le correspondía ni al papa. Esta fue una de las mayores provocaciones de Occidente que finalmente causó la ruptura que dividió permanentemente a Oriente y Occidente.

El Emperador Carlomagno y el Papa León III

No hay claridad con respecto a los efectos que provocó el nuevo título en Carlomagno, pues realmente no cambió la forma de gobernar. No se volvió más benevolente ni detuvo su expansión a otros territorios, ni cambió sus ideas sobre la administración de su reino. A pesar de todas sus fallas, Carlomagno fue en realidad una figura muy positiva en Europa Occidental porque trató de mejorar la vida de muchas de las personas dentro de su reino (salvo los sajones o los que se opusieron a él). Como se detalla en el próximo capítulo, Carlomagno se esforzó por hacer cambios en los sistemas para que sus tierras fueran más justas, y es fácil ver cómo la caballería se hizo tan popular debido a él. Sus motivos fueron mucho más honorables que los que tuvieron lo líderes que vinieron antes o después de él. Claramente, él quería expandir sus tierras, pero con la excepción de los sajones, Carlomagno parecía sinceramente preocuparse por el bienestar de su gente.

Es importante señalar que trabajó activamente para frenar el abuso de poder por parte de los nobles y los que controlaban las tierras. El hecho de que Carlomagno no quería molestar al Imperio bizantino también es algo digno de mención, ya que no estaba interesado en extender su control a Europa del Este. En un momento, incluso había aceptado un matrimonio entre una de sus hijas, Rotrude, con uno de los jóvenes emperadores del Imperio bizantino, Constantino VI, pero Carlomagno rompió el compromiso porque no podía soportar la idea de no poder ver a menudo a un miembro de su familia. Ninguno de sus hijos fue entregado a líderes que los llevaran demasiado lejos de él.

Incluso, hay numerosos indicios de que Carlomagno realmente no entendió lo que significaba el título o por qué sería tan ofensivo para el Imperio bizantino. Y ciertamente no permitió que cambiara la forma en que él quería dividir su reino después de su muerte. El emperador no buscó ninguna aprobación del papa para dividir el imperio en tercios entre sus hijos. En 806, aparentemente ignorando la forma habitual en que funcionan los imperios, Carlomagno decidió dividirlo de acuerdo con las costumbres francas en lugar de elegir un único gobernante. En 813, después de la muerte de dos de sus tres hijos legítimos, dejó el imperio a su único hijo legítimo sobreviviente, Luis. Carlomagno tomó esta decisión sin consultar al papa, aunque era el método adecuado para elegir al próximo gobernante. Pero Carlomagno no buscó la aprobación del papa para dirigir su imperio, por lo que tampoco buscó su aprobación para decidir la forma en la que sobreviviría su imperio después de su muerte.

Sin embargo, el papa León III sobrevivió a Carlomagno. Tras la muerte del emperador en 814, los disidentes se levantaron nuevamente, sabiendo que el hijo de Carlomagno estaba mucho menos dispuesto a luchar como lo había hecho su padre. Al ver la oportunidad de sacar al papa finalmente del poder, decidieron atacarlo. León III ya no tenía al intimidante Carlomagno para frustrar su muestra de misericordia, por lo que esta vez hizo ejecutar a los conspiradores. Luego transmitió los eventos al nuevo emperador, Luis, aunque no está documentado cómo lo tomó el nuevo emperador. El papa murió un poco más de dos años después, en 816. Se dice que la Iglesia temía tanto la interferencia de Luis que apresuraron el proceso de elegir al nuevo líder que se convertiría en el próximo papa, antes de que el emperador pudiera nombrar a uno.

Debido a que el papa León III había desdibujado las líneas entre la Iglesia y los reinos de Europa, se abrió la posibilidad de interferencia en ambos lados. No había una definición clara de la relación entre el papa y el emperador, aunque Carlomagno siguió relacionándose con el de la forma en que siempre lo había hecho, y su hijo siguió ese ejemplo. Aun así, más tarde esto se convirtió en un gran problema, y los temores de la Iglesia por la posición del papa se hicieron realidad. Después de todo, su dominio estaba destinado al reino espiritual y no al secular. No podían esperar levantar un ejército contra un oponente formidable, y cuando llegara el momento, no lo harían. Esto eventualmente dio lugar a una de las peores corrupciones dentro de la Iglesia, ya que los líderes controlaban la posición del papa, asegurando que los miembros de su propia familia se convirtieran en la cabeza de la Iglesia para promover su propio poder y control. En cambio, bajo la Dinastía carolingia, el papado estaba a salvo porque ellos creían que trabajaban con el papa para mejorar las vidas de los demás. No creían que la posición del papa debía ser tratada como un escalón para obtener algo más, por lo que Carlomagno y su hijo nunca trataron de usar su posición para ejercer control sobre la Iglesia.

Capítulo 7: El Renacimiento carolingio: El Imperio bajo Carlomagno

Los sistemas que estaban en vigor bajo el gobierno del emperador Carlomagno eran los mismos que él había puesto en vigor cuando era rey. A pesar de algunas de sus acciones más bien vengativas, el rey franco era un cristiano devoto que a menudo se esforzaba por hacer lo correcto, siempre y cuando lo correcto no impidiera la expansión de su reino. Su dedicación a su pueblo estaba en realidad muy adelantada a su tiempo y se parecía más a los gobernantes recientes de la historia moderna, que a cualquiera de los hombres de su tiempo.

Carlomagno fue quizás el primer gobernante que trató de mejorar la vida de los campesinos que vivían en sus tierras. Se centró en tratar de educar a tanta gente como fuera posible, a diferencia de los romanos, que solo educaban a la élite. Esto había demostrado ser una decisión increíblemente perjudicial por parte de los romanos porque cuando Roma cayó, toda la élite y la gente educada huyó al Imperio bizantino. Esta fue una de las razones por las que gran parte de la tecnología romana en Occidente se deterioró; pues ni siquiera había alguien con una educación adecuada para mantener la tecnología en funcionamiento. Carlomagno sabía que la mejor manera de construir un reino, y más tarde un imperio, era educar a la gente y proporcionarles oportunidades de mejora.

También sabía que se requería algo más a parte de educación. Carlomagno continuó modificando los principales sistemas de su imperio en un esfuerzo por crear el tipo de mundo que el sentía que Jesús predicaba. A partir del cambio radical del sistema económico, el sistema legal y las reformas políticas, Carlomagno fue capaz de crear un legado que le aseguró un lugar permanente en la historia europea y mundial.

La educación no era una ventaja, era una necesidad

No se sabe mucho de la vida temprana de Carlomagno, pero definitivamente desarrolló una admiración y respeto por la educación y los que fueron educados. Esta admiración le llevó a tomar un papel activo en el intento de asegurarse de que la mayor cantidad de gente pudiera ser educada, sin importar su clase o parentesco. Esto trajo consigo una época conocida como el Renacimiento carolingio.

También, hubo un retorno a muchos de los clásicos durante este tiempo. Cuando los hombres inteligentes comenzaron el Renacimiento italiano alrededor de seis siglos más tarde, estaban esencialmente reviviendo el mismo enfoque de la educación que Carlomagno trató de implementar durante su reinado. Parte de la literatura sobreviviente de la antigua Roma fue copiada durante este tiempo y preservada para que pudiera ser transmitida a través de las generaciones, por ello llegó al Imperio bizantino, pero no toda fue llevada a Constantinopla. Es importante señalar, que esto permitió que se conociera más información sobre los antiguos romanos hoy en día, y sin el trabajo de Carlomagno, esta información podría no haberse preservado.

Sin embargo, Carlomagno no sólo estaba interesado en los clásicos. Trató de entender las historias y culturas de muchas de las regiones que conquistó, incluyendo los musulmanes en España, los anglosajones en Inglaterra (aunque no conquistó la isla), e incluso los lombardos. Dado que los musulmanes habían seguido buscando el avance de las matemáticas y la ciencia, el contacto con ellos contribuyó al avance de Europa Occidental en áreas que se habían perdido en gran medida después de la caída de Roma. El interés de Carlomagno por aprender más acerca de otras culturas también se evidenciaba por las personas que trabajaban con el emperador y que ocupaban altos cargos, como el anglosajón Alcuino y el visigodo Teodoro. Carlomagno valoraba sus servicios y experiencias, aprendiendo lo que podía de ellos.

Carlomagno no había recibido mucha educación cuando era joven, y dedicó gran parte de sus últimos años a fomentar su propia educación. Nunca aprendió a escribir, pero hizo un valiente esfuerzo por aprender hacia el final de su reinado. Manteniendo una tabla bajo su almohada, Carlomagno trabajaba en la escritura cuando tenía tiempo libre, sobre todo a la hora de dormir.

El emperador creía que la mejora del mundo requería que la alfabetización en latín se mejorara y se expandiera por todas las tierras. Para ello, los instructores necesitaban manuales que ayudaran a enseñar latín a personas que tuvieran poca o ninguna exposición al idioma. Carlomagno creía que la mejor manera de mejorar la vida de las personas era asegurándose de que la gente pudiera estudiar la palabra cristiana en lugar de confiar en que se les interpretara. Para llevar a cabo tan difícil tarea, el sistema de lectura y copia de manuscritos debía simplificarse para que pudiera ser utilizado por más instructores. Muchos de los instructores que llevaban a cabo la educación del pueblo eran hombres de hábito y sotana porque estaban ubicados en todo el imperio. Los abades y obispos trabajaron para restaurar las viejas escuelas monásticas y crear nuevos lugares de aprendizaje para que un mayor porcentaje de la población tuviera la oportunidad de recibir una educación. Se desarrollaron planes de estudio y se crearon libros de texto que fomentaban las artes liberales, manteniendo viva la literatura del mundo antiguo mientras se enseñaba a los estudiantes sobre la religión cristiana. También se construyeron más bibliotecas en toda Europa Occidental en un esfuerzo por facilitar la aplicación de lo que los estudiantes aprendían en las escuelas.

Los esfuerzos de Carlomagno por fomentar la educación de la gente de su imperio proporcionaron algo que Europa Occidental nunca había experimentado antes: oportunidades para un porcentaje mucho mayor de la población. Las universidades fueron uno de los productos más notables de la Edad Media (aunque no durante el Imperio carolingio), y se produjo un aumento en el número de personas que buscaban mejores oportunidades para sí mismos. La innovación comenzó de nuevo, lo que dio lugar a mejores condiciones de trabajo en los campos y a métodos más eficientes de producción de alimentos. Comenzaron a formarse ciudades en toda Europa, iniciando una gran cantidad de nuevos tipos de ocupaciones y dando lugar a ciudades en todo el continente. Estos cambios no comenzaron durante el imperio, pero fueron posibles gracias a los esfuerzos de Carlomagno para proporcionar educación a más que sólo los miembros de la élite.

Principales reformas económicas: la sustitución del oro

Cuando Carlomagno subió al trono, la base económica del reino era el oro. Pipino el Breve se había esforzado por hacer cambios en el sistema, pero murió antes de terminar de implementarlos. Carlomagno continuó el trabajo que su padre había comenzado, aboliendo completamente el oro como base de su economía. Trabajando con un rey anglosajón, Offa de Mercia, Carlomagno implementó con éxito el sistema que Pipino había desarrollado antes de su muerte. Esto demostró ser una forma efectiva de impulsar la economía porque el oro era demasiado escaso para ser la base financiera de un reino en crecimiento.

El uso del oro no fue tan problemático antes del surgimiento del reino franco. Sin embargo, una paz negociada con el Imperio bizantino trajo como consecuencia la pérdida para Europa Occidental de Venecia y Sicilia, los cuales eran importantes puertos de mercancías. En consecuencia, cualquier mercancía que pudiera ser comercializada para mantener el flujo de oro hacia el reino se acabó al perder el acceso a las rutas que les permitían comerciar con África.

Pipino sabía que el reino no podía sostenerse con un metal tan escaso, así que buscó establecer un nuevo sistema. La plata era mucho más abundante, y se convirtió en la base del estándar del *livre carolingienne* o libra carolingia. Este estándar utilizaba una libra de plata como base para el sistema monetario. Había dos unidades monetarias, *el sous* y *el livre*, cada una representaba una fracción de una libra de plata. La única moneda usada en el imperio era *el denier*, que era esencialmente un penique. Como gran parte de Europa Occidental terminó formando parte del imperio de Carlomagno, este sistema financiero creció en toda Europa, y continuó siendo la base monetaria incluso después de la caída del Imperio carolingio.

Para el 802 d. C., Carlomagno sabía que era necesario utilizar un sistema de contabilidad porque no todas las personas podían permitirse pagar impuestos, mientras que otros pagaban menos de lo que debían basándose en el antiguo sistema de contabilidad. Hasta principios del siglo IX, había permitido regular los préstamos de dinero para la población judía de su reino. Como esta era una práctica considerada inmoral por muchos cristianos, Carlomagno prohibió la práctica en el imperio. Aunque Carlomagno no permitió que la práctica de los préstamos de dinero continuara en su imperio, no tenía ningún problema con el judaísmo, invitando a menudo a personas de ascendencia judía a establecerse en sus tierras. También empleó a varios judíos en puestos de alto perfil, incluyendo a su propio médico. Carlomagno también se aseguró de que él y su gobierno controlaran los precios de algunas mercancías para asegurarse de que nunca fueran demasiado altos. Su interés era atraer a personas que fueran inteligentes y con dinero que pudieran ayudar a otros. No quería fomentar ningún comportamiento que pudiera convertirse en problemático o depredador, pero sí quería fomentar el crecimiento financiero dentro de sus tierras.

Antes de Carlomagno, hubo un conjunto de diferentes sistemas monetarios basados en esta parte de Europa. Los pagos y el comercio se habían vuelto cada vez más complejos. Con el nuevo sistema, Carlomagno no solo creó un sistema más fácil de usar en todo su extenso imperio, sino que también tenía un sustento más estable ya que estaba basado en la plata.

Reforma de la iglesia, de la política y del sistema legal

Además de expandir su reino y convertirse en el primer gobernante de un nuevo imperio, Carlomagno estaba dispuesto a cambiar todos los sistemas establecidos, y logró mucho en este sentido. Su creencia en su religión era muy arraigada, y fue algo que inculcó a muchos de sus hijos, en particular a Luis, que más tarde llegó a ser conocido como Luis el piadoso. Pero Carlomagno también creía que la Iglesia necesitaba ser reformada y ser más significativa para un grupo más amplio de personas. Sentía que la clave para un mejor gobierno y política requería una profunda espiritualidad. Carlomagno sabía que era esencial tener una estructura de poder sólida dentro de la Iglesia para asegurar su éxito, y eso significaba tener más líderes fieles y morales que asumieran vidas religiosas y eliminar a los más egoístas. También creía que el paganismo era una seria amenaza, y ello se evidenció en su trato brutal hacia los sajones.

Carlomagno creía que tenía el control de la Iglesia en su imperio, y no temía ejercer su autoridad sobre aquellos que iban a ser instructores religiosos. Al insertarse en la vida de la gente religiosa de su reino, Carlomagno exigía el castigo a aquellos que sentía que lo necesitaban, así como el control de las propiedades religiosas dentro de su imperio. Incluso llegó a definir la doctrina, algo que el papa permitió. Por otra parte, Carlomagno se enfrentó a muchas reacciones del clero de su imperio. Algunos pueden haberse opuesto a determinadas acciones, pero en su mayoría lo apoyaron porque aprobaron la forma en que él buscaba que la gente del imperio fuera más piadosa y religiosa.

Después de convertirse en emperador, Carlomagno creó mayores expectativas para sí mismo y para la administración del imperio. Empezó a hacer serios cambios políticos en la capital de su imperio, Aquisgrán, situada en la actual Alemania, y estos cambios se extendieron desde allí al resto del reino y también afectaron al gobierno durante el resto de la Edad Media. Los cambios que hizo en el gobierno son una de las principales razones por las que los historiadores elogian su reinado, ya que creó un gobierno mucho más centralizado para tener un mejor control y responsabilidad dentro del imperio.

Carlomagno ejerció un control completo sobre su imperio y tenía la última palabra en los casos judiciales. Comenzó a cambiar los sistemas legales en el 780 d. C., veinte años antes de convertirse en el Sacro Imperio romano. Uno de los primeros cambios importantes que hizo fue establecer *los escabinos*, o expertos legales. Ellos eran los responsables de asegurar que las leyes fueran ejecutadas y cumplidas consistentemente a través del reino. Había siete escabinos en cada región. Los jueces también eran responsables, y Carlomagno les prohibió aceptar sobornos y les encargó que dictaran sentencias basadas en hechos. Después de convertirse en emperador, Carlomagno hizo que todas las leyes se escribieran para que pudieran extenderse por todas las tierras y lograr una aplicación más efectiva y consistente. También eran más fáciles de enmendar y se podía asegurar que esos cambios se llevaran a cabo en todo el dominio del Imperio carolingio.

Comprendió que tratar de administrar su reino requería asistencia y gente en la que pudiera confiar y que era imposible asegurar un gobierno más fluido sin ellos. Para administrar mejor su reino, Carlomagno lo dividió en tres grandes áreas (Austrasia, Borgoña y Neustria). Italia se dividió en dos subreinos, siendo sus hijos Luis y

Pipino los responsables de gobernarlos. Baviera fue gobernada por el gobernador Geroldo hasta el año 796, cuando murió. Cada una de estas regiones era relativamente autónoma y tenían una reunión anual que se celebraba en algún momento de la primavera, para verificar el estado de las diferentes regiones. Con el tiempo, dejó de ser una forma de que el rey emitiera juicios y que se asegurara que las leyes siguieran siendo las mismas, motivo por el cual nobleza expresó su descontento con los cambios. Las leyes escritas eran una forma de asegurar que el sistema político sufriera el mínimo trastorno, mientras que eliminaba la posibilidad de que la élite controlara la dirección del imperio.

Un hombre a imitar

El ejemplo dado por Carlomagno definitivamente se extendió porque gobernó sobre una gran parte de Europa Occidental. Algunos de los mejores gobernantes que le siguieron modificaron muchos de sus métodos, sistemas e ideas para proporcionar un mundo más igualitario para sus súbditos. Siguiendo el ejemplo de Carlomagno, muchos líderes querían ver a su gente educada y acercarse a su religión. Él fue la inspiración para muchos de los más grandes gobernantes, tanto de la Edad Media como de la era moderna. La mayoría de los países de hoy en día, han ido más allá de lo que Carlomagno comenzó, con la iglesia y el estado completamente separados después de que su unión resultó en siglos de derramamiento de sangre. La mayoría de la gente asocia la unión del derramamiento de sangre y la religión con el peor momento de la Edad Media, pero muchas de las atrocidades más notables fueron en realidad mucho más recientes. Carlomagno no vivió para ver cómo la religión podía resultar un arma terrible de violencia porque el cristianismo como religión popular era todavía bastante joven, y la gente todavía creía en gran medida en "poner la otra mejilla" cuando era agraviada. Obviamente, este precepto no se aplicó a un líder cuando trataba de expandir un imperio. Sin embargo, en este período no existió el impulso de usar la religión como base para el poder, como sucedería en unos pocos cientos de años después.

Lo que Carlomagno logró no fue perfecto, pero fue increíblemente progresivo para su época, mucho más de lo que la mayoría de la gente piensa cuando discute sobre la Edad Media y aún más cuando discute sobre la Edad Oscura (estos nombres se refieren aproximadamente al mismo período de tiempo, aunque el término Edad Oscura se usa a menudo para significar que no ocurrió nada progresivo en absoluto, durante este período de la historia). Carlomagno fue el mayor gobernante no sólo de la Edad Media, sino que también fue posiblemente mucho mejor que cualquier otro gobernante importante durante más de un milenio. Ciertamente no era perfecto, pero trató de hacer lo correcto y trabajó para asegurarse de que la justicia no favoreciera a ningún grupo de personas sobre otro. Por supuesto, las mujeres no eran consideradas iguales, ni tampoco las personas de ciertas religiones, pero Carlomagno fue mucho más abierto a otras culturas que la mayoría de los otros gobernantes durante los primeros siglos después de la caída de Roma.

Capítulo 8: El gobierno de Luis el Piadoso

Aunque Carlomagno parecía ser inconquistable, era solo un humano, y no tenía forma de vencer a la muerte. En lugar de mantener el imperio unido, había planeado dividir su reino entre sus hijos legítimos supervivientes, Pipino, Carlos y Luis. Sin embargo, el imperio sobrevivió a todos menos a uno de ellos.

Luis era devoto, como su padre, pero no tenía el mismo deseo de expandir el imperio. En cambio, quería centrarse en la religión y continuar lo que su padre había empezado, lo que le valió el nombre de Luis el Piadoso. Lamentablemente, sus hijos eran mucho menos altruistas que Luis. A pesar de sus mejores intenciones, Luis vivió para ver el principio del fin del imperio, aunque no lo reconoció necesariamente como tal. Quería continuar la tradición franca de dividir el reino entre sus hijos legítimos, pero esto le trajo problemas, incluso antes de morir.

La muerte de Carlomagno

Apenas seis años después de convertirse en emperador, Carlomagno centró su atención a lo que sucedería después de su muerte. Tenía 64 años de edad en el 806 d. C., y sabía que no podía seguir gobernando indefinidamente. Se dice que aún gozaba de gran salud en ese momento, pero la historia había demostrado que la planificación para el futuro era importante para asegurar la continuación de un imperio. En ese momento, Carlomagno había planeado dividir su imperio en tercios, pero tuvo que cambiar el plan en los siete años siguientes cuando dos de sus tres hijos legítimos murieron. Es quizás muy irónico que no considerara a ninguno de sus hijos ilegítimos como candidatos potenciales considerando que Carlomagno era el nieto de un hijo ilegítimo (incluso algunos sostienen que el propio Carlomagno era ilegítimo). Su abuelo, Carlos Martel, era un líder mucho más fuerte que cualquiera de los otros líderes potenciales del reino franco cuando subió al poder. Tal vez si Carlomagno se hubiera centrado en quién sería el más adecuado para hacerse cargo de su reino en lugar de insistir en crear una línea de sucesión, las cosas podrían haber sido diferentes, y su imperio no se habría desmoronado en un siglo.

Carlomagno se volvió algo pesimista más tarde en su vida al ver que muchos de sus intentos de cambio no progresaban a un ritmo notable. Es quizás desafortunado que nunca supo cuán influyentes serían los cambios que hizo, aunque incluso entonces, puede no haber sido suficiente para él. Carlomagno quería hacer de su imperio un lugar que abrazara y reflejara los valores cristianos. Su decepción le hizo lamentar que el imperio no reflejara la religión que tanto se había esforzado en fomentar.

En el año 813 d. C., la salud de Carlomagno comenzó a decaer, y en ese momento, sólo le quedaba un hijo legítimo. Siguiendo la tradición franca, Carlomagno hizo coronar a su hijo Luis como gobernante conjunto. De los tres hijos, Luis era el menos agresivo, lo que no era precisamente prometedor para el futuro del imperio. El imperio no había estado tranquilo bajo Carlomagno, pero él se las había arreglado para mantenerlo unido. Esto se hizo mucho más difícil para Luis, pues no era tan experto en mantener unidos a los pueblos rebeldes.

Para este momento, Luis había sido el rey de Aquitania durante 32 años (fue nombrado para el cargo por su padre en 781). Había aprendido mucho acerca de la administración de un reino, lo que le dio una valiosa experiencia para su eventual papel como emperador. Como rey de Aquitania, Luis tenía cierta experiencia en la lucha; los musulmanes estaban en las fronteras de su reino, y hubo disturbios durante parte de su reinado. Dada la desastrosa campaña de Carlomagno contra los musulmanes en 778, Luis había aprendido a liderar a sus hombres con cierta capacidad, aunque no tuviera el mismo estilo o habilidades que su padre. Además de adquirir experiencia militar, era responsable de la gestión del dinero y de los palacios de su reino, así como de la Iglesia y la estructura social. Carlomagno había seleccionado una esposa para él en el 794, Ermengarda de Hesbaye, aunque no se habla mucho de cómo ella interactuó con sus dos hijos por medio de concubinas antes de su compromiso. Durante la siguiente década, Luis y Ermengarda tuvieron cinco hijos juntos, y ella se involucró en sus esfuerzos por reformar la Iglesia dentro del reino. Formaron fuertes lazos con algunos de sus partidarios y nobles, y estos lazos fueron beneficiosos para ellos en el futuro.

Carlomagno murió en 814 d. C., menos de medio año después de que Luis fuera coronado cogobernante del Sacro Imperio romano germánico. Gobernar Aquitania no era lo mismo que gobernar un extenso imperio, algo que Luis no había tenido tiempo de aprender antes de la muerte de su padre. Como la salud de Carlomagno había estado en declive durante los últimos cuatro años de su vida, hubo un aumento de la corrupción y la desobediencia en todo el reino. Luis no era tan conocido, y ahora, se encontró con que tenía que manejar a gente que ya estaba empezando a separarse del imperio.

El inicio de la reforma del Imperio

Ahora en el control del Imperio Carolingio, Luis buscó hacer los cambios que su padre había querido implementar al final de su vida. Su prioridad era hacer primero los cambios dentro de la capital del imperio, Aquisgrán, eliminando las prostitutas que se habían establecido en el palacio. Fue entonces cuando la hipocresía realmente debería haberle hecho parar y reflexionar porque una vez que las prostitutas fueron retiradas del palacio, Luis hizo que todas sus hermanas que habían tenido relaciones sexuales antes de casarse (y las que aún no estaban casadas) fueran enviadas a los monasterios. Hoy en día esto habría sido criticado, considerando el hecho de que Luis había tenido dos hijos antes de casarse. Sin embargo, durante este período (y durante más de un milenio), era aceptable tratar a las mujeres de una manera completamente diferente a los hombres, y los hermanos tenían bastante injerencia sobre la vida de sus hermanas solteras.

Durante sus primeros años como emperador, Luis hizo algo más que acabar con la moral "suelta" de la capital. Hizo un mejor uso del sistema legal que su padre había establecido, emitiendo cerca de cuarenta diplomas y documentos escritos que eran legalmente vinculantes. En la década anterior, Carlomagno había expedido aproximadamente la mitad de los diplomas. Pero Luis se centró en convertir el imperio en un verdadero imperio cristiano. Cuando Luis subió al trono, todavía había muchas regiones que se identificaban más por su grupo étnico que por la religión cristiana. Luis trató de establecer una nueva fundación basada en la religión que todos compartían con la esperanza de que uniera a la gente de una manera más significativa. Los problemas que Luis heredó cuando se convirtió en emperador podrían haberse resuelto creando una única identidad, y tanto Carlomagno como Luis sintieron que el cristianismo era la base y el camino correcto a seguir. En sus diplomas, Luis hizo saber a la gente que administraba las diferentes regiones, que su visión del imperio era tener un imperio unido bajo el cuerpo de Cristo. Su visión final reflejaba de cerca lo que su padre había querido. Para Luis, el Imperio carolingio debía ser una perfecta amalgama de política, religión y sociedad dirigida por la palabra del dios cristiano.

Luis incluso incluyó un método para designar a los próximos gobernantes, un método que se alinearía con la tradición franca pero que mantendría al imperio funcionando como un todo en lugar de dividirlo. Al final, esto no funcionó, pero fue su visión increíblemente optimista de lo que se podía hacer en 817. Basándose en la visión de futuro de Luis, su hijo mayor, Lotario, sería co-emperador, reinando con Luis con la finalidad de que Lotario tuviera una mejor comprensión de cómo manejar el imperio, la cual tenía Luis al principio de su reinado. Los otros dos hijos de Luis, Pipino y Luis, asumirían papeles similares a los que Luis el Piadoso y sus hermanos habían asumido durante el reinado de Carlomagno, siendo Pipino el nuevo rey de Aquitania y Luis el Alemán, como se le llama más a menudo hoy en día, el rey de Baviera.

El primer desafío familiar real del reinado de Luis ocurrió en 817, y Luis estaba preparado para mostrar su propia experiencia en el manejo de los problemas. Su sobrino, el rey Bernardo de Italia, trató de desafiar al emperador, lo que terminó en un sofocamiento de la rebelión. Bernardo quedó ciego como resultado de su rebelión y los que se unieron al sobrino del emperador fueron exiliados. Puede que Luis no tuviera la misma destreza militar que su padre, pero había aprendido a manejar rebeliones más pequeñas como el rey de Aquitania. En un esfuerzo por disuadir a otros parientes varones de desafiar su autoridad, Luis envió a sus tres medio hermanos (todos ilegítimos) a vivir en monasterios.

En el año 822, Luis se había establecido como un sustituto competente de su padre, y se las arregló para mantener un firme control del imperio durante los primeros años. Sintiendo que ya había causado suficiente impresión como para disuadir a los disidentes, añadió un nuevo nivel de complejidad a la posición. Comenzó a hacer penitencia por los pecados que había cometido, mostrando abiertamente su propio compromiso con su religión. Luis quería demostrar que nadie, ni siquiera un emperador, estaba por encima de las leyes de la religión cristiana. Esto demostró ser una acción profundamente conmovedora, e incluso sus detractores admitieron que tal humildad era impresionante. El hecho de que el emperador también estaba dispuesto a reconciliarse con los enemigos mostraba su dedicación a transmitir la palabra del dios cristiano. Fueron estos actos de humildad los que le valieron el nombre de Luis el Piadoso, y también le ayudaron a ganar una reputación de ser devoto no sólo en Europa Occidental, sino también en Europa Oriental.

Una situación imposible

La esposa de Luis murió en 818, dejándole no solo la administración del reino, sino también su familia. Sus consejeros pensaron que el emperador no debía soportar solo esta carga, por lo que lo presionaron para que eligiera una segunda esposa. Poco más de un año después, se casó con Judith de Baviera. Ella tenía 22 años y él 41 cuando se casaron. En 823, Luis tuvo un cuarto hijo con su segunda esposa, y el niño fue nombrado en honor al padre de Luis, Carlos.

Hubo varios problemas serios con Luis para designar a herederos adicionales. No sólo Luis ya había establecido sus planes futuros para el imperio, sino que sus hijos ya habían planeado las divisiones que él había establecido y no estaban dispuestos a que sus papeles se redujeran por la adición de otro hermano con el que dividir el reino.

Los problemas tampoco se limitaban a cuestiones familiares. Los cambios prometidos para reformar el imperio no habían llegado lo suficientemente lejos para algunas personas, y se habían quejado de que había mucha corrupción entre los nobles. También era muy difícil manejar las fronteras del imperio, con la atención del emperador en muchas direcciones críticas diferentes. Luis pudo resolver algunos de los problemas externos persuadiendo a los líderes para que se unieran a la religión cristiana, como fue el caso del rey danés. Luis eligió ser el padrino de bautismo del rey danés, lo que generó una conexión que neutralizó la amenaza de los daneses. Luis participó en algunas campañas a lo largo de algunas de las fronteras del imperio. Cuando dos de sus antiguos seguidores no le dieron el apoyo que esperaba en Gascuña, Luis los destituyó del poder. Los dos hombres, Hugo y Matfrid, habían sido partidarios suyos y de su primera esposa. Su retirada del poder fue un insulto, y su resentimiento se vio agravado por el hecho de que su segunda esposa estaba tratando de obtener más poder y control para su hijo.

En el año 830, el resentimiento de sus hijos y de la gente del palacio se desbordó, ocasionando una revuelta contra el emperador. Sus hijos mayores lideraron la revuelta con el apoyo de Hugo y

Matfrid. Sin embargo, no culparon a Luis; culparon a su esposa por sus malas decisiones. Sentían que la llegada de Judith al palacio había sido la razón por la que las cosas habían tomado un mal rumbo, y querían deshacerse de ella y de su hijo. Sin embargo, otros en el palacio apoyaron al emperador y a su segunda esposa. Teniendo un conocimiento bastante exacto de la relación entre los hermanos, los partidarios de Luis pudieron fácilmente poner a los tres hombres en contra del otro. El pueblo del imperio pronto se volvió contra los hermanos, y Luis reanudó su autoridad unos meses después del golpe inicial. La peor decisión que pudieron haber tomado los tres hijos fue rebelarse para mantener sus posiciones y el poder que tenían. Una vez que Luis fue restaurado en su posición, cambió sus planes para el futuro. Al momento de su muerte, el imperio se dividiría en cuartos, asegurando que su hijo menor heredara la parte del imperio de su padre.

Durante los tres años siguientes, creció el descontento en el imperio, con las relaciones entre los tres hijos y su padre cada vez más problemáticas. En junio de 833, Lotario el hijo mayor de Luis, invitó a su padre a Alsacia con el pretexto de discutir sus diferencias. Sin embargo, todo era una mentira. En lugar de discutir sus diferencias, Lotario y sus hermanos, sus partidarios, y el papa para ese momento, Gregorio IV, se volvieron contra Luis. Algunas de las personas que habían apoyado a Luis cuando era rey de Aquitania se unieron en contra de Luis. Pensando que no tenía otro recurso con tanta gente en su contra, el emperador accedió a abdicar en favor de sus hijos. Además de renunciar a sus poderes, el exemperador reconoció sus propios crímenes contra su pueblo. Con tanta gente importante en su vida actuando en su contra, Luis aceptó pasar su tiempo en penitencia perpetua para expiar los supuestos crímenes.

La reacción de Luis y su voluntad de hacer lo necesario para mantener la paz, incluso a costa de su posición, resultó ser un terrible fracaso para el pueblo que lo había depuesto. En el transcurso del año siguiente, la opinión pública se volvió contra todas las personas que habían obligado al emperador a abdicar. El hecho de que los hijos siguieran luchando entre ellos, creó más problemas de los que habían resuelto con sus acciones y no ayudó a su causa. El aumento de la violencia alrededor del imperio fue la gota que colmó el vaso. En 834, el pueblo exigió la restauración de Luis y su joven esposa e hijo.

Esta serie de eventos le demostró a Luis que no podía confiar en todas las personas que lo habían apoyado en sus inicios y que el papa no era un aliado confiable. Los amigos y seguidores que se habían vuelto contra él fueron castigados, y Luis adoptó una postura más severa contra sus hijos. Cuando su segundo hijo, Pipino, murió cuatro años después, en diciembre de 838, Luis decidió que el reino de Aquitania que había estado bajo el cuidado de Pipino le correspondería a Carlos, el cuarto hijo de Luis. Esto significaba ignorar los derechos de su nieto, el hijo de Pipino, quien debería haber heredado las tierras de su padre. El hijo mayor de Luis, Lotario, parecía haber aprendido la lección y decidió no pelear con su padre por violar esta tradición. Sin embargo, el tercer hijo de Luis, Luis el Alemán, él se opuso al cambio de poder. Aunque sus objeciones fueron ignoradas durante algunos años, Luis el Alemán no olvidó que su padre tomó los territorios de su nieto para dárselos a otro hijo.

Ganarse el respeto de un gran jugador

Las pruebas y tribulaciones de Luis le hicieron ganar algo que su padre no había logrado en su época. En 839, el emperador bizantino, Teófilo, reconoció la dedicación de Luis al cristianismo. Sus creencias no eran idénticas, pero esto no era importante para los dos hombres. Lo que Teófilo vio fue un líder que trató de seguir los preceptos centrales del cristianismo, y desarrollaron un profundo respeto uno por el otro. El emperador bizantino incluso felicitó al emperador Luis por su firme creencia y su voluntad de mantener sus convicciones frente a la extrema adversidad.

El respeto sería efímero pues Luis murió al año siguiente, 840 EC. Con su muerte, los problemas que habían plagado su reinado se exacerbaron. Luis no fue un líder terrible, pero no era tan fuerte ni tan determinado como su padre. Sintiéndose dividido entre su religión y el mantenimiento del imperio, Luis estaba dispuesto a sacrificar el bien del imperio para mantener la paz en su familia. Esta fue la causa de la caída final del Imperio carolingio.

Capítulo 9: Luchas familiares y la decadencia del imperio

El capítulo 8 se centró en la serie de eventos desde la perspectiva de Luis, pero sus hijos no carecían por completo de razones para desconfiar de los cambios que estaba haciendo en el Imperio carolingio. La forma en que trató a los hijos de Pipino después de su muerte demostró que Luis no reconocería los derechos de sus nietos, si sus hijos morían antes que Luis. Desafortunadamente, para los tres hermanos mayores, su capacidad de trabajar juntos no era mucho mejor.

En última instancia, Luis no gozaba del respeto que tenía su padre Carlomagno, tanto en su familia como en el imperio. Los de fuera podían respetar sus acciones, pero cuanto más cerca estaban las personas de Luis, menos satisfechos estaban con sus decisiones. Las debilidades de Luis se basaban en la realidad de que no era capaz de gobernar el imperio de la forma en que lo hizo su padre.

No es un mártir, definitivamente no es realista

La aparente aceptación de Luis de las demandas de sus hijos y antiguos partidarios lo hizo parecer un mártir para el pueblo. Cuando sus hijos y antiguos partidarios demostraron que eran mucho menos capaces de dirigir el imperio, Luis parecía ser el mejor hombre para gobernar las tierras. El período entre el 823 y el 835 d. C. llegó a ser conocido como la Guerra Civil Carolingia porque los hijos de Luis estaban constantemente peleando entre ellos y con su padre. En lugar de resolver el problema, Luis aceptó someterse a sus hijos hasta que el pueblo los vio tan mal que exigió la restauración de Luis. Esto definitivamente le dio una mejor luz a Luis en lo que respecta a su fe, pero provocó la preocupación de sus súbditos tanto por sus habilidades para gobernar como por la tradición franca de dividir las tierras para sus hijos, que Luis parecía dispuesto a perpetuar, a pesar de los problemas que eran tan obvios para todos antes de su muerte.

El problema comenzó con sus tres hijos mayores y su primera esposa, Lotario, Pipino, y Luis, que estaban constantemente peleando entre ellos. Molesto por su perpetua lucha, Luis el Piadoso decidió retirar a su hijo mayor de su puesto como co-emperador en 829 d. C. lo cual dio a los tres hermanos una razón para unirse en lugar de seguir peleando entre ellos, y conllevó a su primer golpe de estado en 830. Lotario dejó su destierro en Italia para tomar el puesto de emperador que tenía su padre. Cuando Luis retomó su posición en el 831, volvió a castigar a Lotario dándole Italia a su hijo menor, Carlos. Este aparente favoritismo resultó en que los tres hermanos mayores obligaron a Luis a abdicar en 833. Como Lotario recibió el peor de los castigos, tiene sentido que no se enfrentara de nuevo a su padre después de que Italia le fuera devuelta. La última vez que Lotario actuó en contra de su padre fue en el 833 d. C. Sin embargo, no hubo tal incentivo para los otros dos hermanos Pipino y Luis el Alemán.

Esta constante lucha por el poder debería haber sido suficiente advertencia para que Luis supiera lo precaria que sería la posición del imperio si insistía en dividirlo entre sus hijos. En lugar de hacer lo correcto para el pueblo, Luis el Piadoso intentó mantener una tradición que al final destrozó el imperio. En lugar de intentar ser un intermediario para sus hijos, Luis parecía exacerbar sus problemas. No se centró en ayudarles a verse como miembros de la misma familia, sino que les dio razones para centrarse en lo que podían perder. Aunque Carlomagno siempre parecía encontrar una solución aceptable para los miembros de su familia, incluso si eso significaba molestar al Imperio bizantino, estaba dispuesto a tomar decisiones para mantener a su familia fuerte y unida. Luis el Piadoso no inspiraba ese mismo sentido de unidad familiar, ni parecía facilitar un sentido de familia.

El Tratado de Verdún: Una solución insatisfactoria para un problema previsible

Cuando Luis murió en el 840 d. C., hubo una guerra casi inmediata entre sus hijos. Sin su padre en el camino, Lotario declaró que era el sucesor legítimo de su padre. Su hermano Luis y su hermanastro Carlos tenían muchas razones para oponerse a él, y rápidamente comenzaron a marchar contra Lotario. El hijo mayor no era un comandante particularmente capaz, y no podía detener el progreso de sus hermanos.

Luis el Alemán y Carlos (conocido como Carlos el Calvo) formaron una alianza oficial en 842 llamada los Juramentos de Estrasburgo. Su alianza declaró a Lotario incapaz de dirigir el imperio, y elaboraron una nueva división del imperio que dividió el imperio solamente entre ellos dos. Si Lotario perdía la guerra contra ellos, ya no tendría tierras. Viendo que no tenía ninguna posibilidad de vencer a sus hermanos aliados, Lotario finalmente accedió a discutir un final pacífico. Esta negociación de paz se llamó el Tratado de Verdún, y se llevó a cabo en el año 843 d. C. El tratado demostró ser una espada de doble filo pues resolvió el problema inmediato entre los tres hermanos, pero fue el primer gran indicador de que el imperio estaba llegando a su fin. Los tres hermanos dividieron el imperio en tres secciones separadas, y los hermanos tuvieron el control sobre las regiones que habían mantenido, pero ya no había una figura principal del imperio. En su lugar, los tres hermanos gobernaron sus territorios como reinos controlados por su cuenta.

Cómo las divisiones fueron más allá de las disputas entre hermanos

La forma en que el imperio fue dividido, fue el esbozo de lo que eventualmente evolucionaría y se convertiría en la Italia, Alemania y Francia de hoy en día. Lotario se convirtió en el rey de Italia, Carlos el Calvo gobernó sobre la tierra que se convirtió en Francia, y Luis el Alemán fue el rey de las tierras que un día se convertirían en la fundación del Sacro Imperio romano germánico bajo Otón I.

Puede parecer que esto era poco más que una continuación de la tradición franca de asegurar que todos los hijos del líder tuvieran control sobre su propio reino, pero había muchos problemas al tratar de dividir un imperio tan grande entre tres hermanos que eran casi incapaces de trabajar juntos y no fue algo más que una solución temporal. Los tres hermanos también tomaron el control de tres regiones increíblemente diferentes con culturas y tradiciones propias, lo que Luis el Piadoso había tratado de evitar a través de un enfoque en la religión sobre el patrimonio.

El odio entre la gente de estas diferentes regiones se convirtió de nuevo en el centro de atención. Ya no se limitó a ser un imperio forzosamente unificado que algunas de las culturas ni siquiera querían en primer lugar, sino que también el pueblo reanudó la lucha y la contención. En realidad, fue la causa de unos mil años de guerras europeas que no se resolverían hasta el final de la Segunda Guerra Mundial.

Las tierras que se convirtieron en Italia fueron las menos cohesionadas de los tres reinos, y Lotario ya había demostrado que no era un líder confiable y capaz. Uno de los mayores problemas eran los Alpes, ya que siempre había problemas al tratar de crear un reino cohesivo. No fue hasta varios cientos de años después que el territorio se convirtió finalmente en una Italia unificada, e incluso entonces, hubo ciudades y puertos que se resistieron a ser absorbidos, siendo Venecia uno de los más notables.

Luis el Alemán y Carlos el Calvo demostraron ser líderes mucho más capaces, pero no eran tan efectivos como lo fueron su abuelo o tatarabuelo. Continuaron con la tradición de dividir aún más sus reinos, dividiéndolos en regiones cada vez más pequeñas.

Cuando el imperio fue dividido por primera vez, los tres hermanos fueron capaces de ofrecer tierras a sus partidarios para que pudieran atacarse entre ellos. A medida que el imperio se convertía en reinos, había cada vez menos tierras que ofrecer a los nobles para lograr su apoyo.

Esto fue solo el comienzo de los problemas que los tres hermanos enfrentaron cuando dejaron de mantener el imperio unido, como una unidad cohesiva. Había demasiados problemas para que los trataran por su cuenta, y no se preocuparon por los problemas que los otros estaban enfrentando. Al dividir el imperio entre sus hijos y al no inculcar un sentido de unidad dentro de la familia, Luis el Piadoso casi aseguró el fin del imperio creado con el arduo trabajo de Carlomagno.

Capítulo 10: La división que acabó efectivamente con el imperio

La diferencia entre la tradición franca de dividir las tierras entre los hijos legítimos sobrevivientes y lo que el Tratado de Verdún logró, fue que el tratado permitió que los tres hijos actuaran de forma completamente independiente el uno del otro. Los reinos francos se habían mantenido unidos y un hijo era responsable de asegurar que todos los francos trabajaran juntos (aunque esto obviamente no siempre funcionó, ya que los francos estaban muy fragmentados antes del ascenso de Carlos Martel). Se suponía que los tres gobernantes que habían heredado las tierras de Luis trabajaban juntos, y dada la forma en que habían luchado perpetuamente entre ellos, no había realmente ninguna razón para creer que el tratado iba a detenerlos. Y no lo hizo.

Una vez que los tres hermanos se dividieron el imperio, el imperio efectivamente dejó de existir. El nombre, continuó por un tiempo más, pero no hubo ningún esfuerzo por parte de Lotario, Luis el Alemán, o Carlos el Calvo para trabajar juntos. Por el contrario, Luis y Carlos periódicamente destruían los territorios de Lotario. No solo su tierra estaba en medio del imperio, sino que era el líder militar más débil de los tres. Aún más problemática fue la decisión de estos reyes de dividir aún más sus tierras entre sus hijos.

La caída del Reino de Lotario

Lotario no tenía la destreza militar de sus antepasados, lo que dejó a su reino en una posición muy débil. Queriendo continuar la tradición franca, Lotario eligió dividir su ya débil reino entre sus tres hijos. También tomó la mala decisión de oficializar la división por medios similares que habían dado lugar a la división inicial del imperio. Hizo que sus tres hijos legítimos sobrevivientes para firmar el Tratado de Prüm el 19 de septiembre de 855. Quizás Lotario esperaba establecer una división más sólida que la que Luis el Piadoso había intentado, y como co-emperador del Imperio carolingio, Lotario probablemente tenía una mejor idea de cómo las cosas habían ido mal. El Tratado de Prüm asignó los reinos a sus hijos tras la muerte de Lotario, que ocurrió seis días después de la firma del tratado. Su hijo mayor, Luis II, se convirtió en emperador, e Italia fue su principal cargo. El segundo hijo, Carlos, debía administrar la región entre el río Ródano y los Alpes. El tercer hijo de Lotario, Lotario II, era responsable de la región norteña.

Las tierras de Luis y Carlos

Las tierras que se habían asignado a Lotario mediante el Tratado de Verdún se dividieron en gran parte en los territorios definidos por el Tratado de Mersen en 870. Estas tierras habían sido incorporadas bajo el mandato de Carlos el Calvo y Luis el Alemán, por lo que tuvieron tiempo de instalar sus propias formas de control sobre las regiones que una vez habían pertenecido a Lotario. Luis II fue el único heredero legítimo superviviente de Lotario, y se le permitió conservar la pequeña parte del reino de Lotario que se le había otorgado mediante el Tratado de Prüm. Esto les dio más tierras a los dos hijos restantes de Luis el Piadoso, disminuyendo aún más el control de los descendientes de Lotario, con los que no parecían luchar.

Lotario puede haber sido el más débil de los tres hijos de Luis el Piadoso, pero Luis y Carlos tuvieron que enfrentarse a sus propios problemas, especialmente con cuestiones de herencia. A diferencia de Lotario, cada uno de ellos solo tenía un heredero legítimo para sobrevivir.

Parecía que el imperio podría ser restaurado de nuevo cuando Carlos el Gordo recibió el título de emperador en 881. Tenía el respaldo tanto del papa como de la nobleza sobre su primo, Carlos el Simple. Su reinado como nuevo emperador carolingio no duró mucho tiempo, ya que se vio obligado a abdicar solo unos años después.

Cualquier esperanza de unificación terminó en 888 con la muerte de Carlos el Gordo. Sin más descendientes legítimos de Carlomagno, el imperio estaba efectivamente muerto. Pronto se dividió en cinco reinos diferentes y dos ducados. Este fue el primer bosquejo de la Francia, Alemania e Italia de hoy en día.

Un problema interno

Los hijos no prestaron atención a uno de los mayores problemas a los que se enfrentaban, que había ido creciendo desde que los hijos hicieron evidente que estaban más interesados en sus propias posiciones que en el imperio. Los nobles eran una fuerza insidiosa que alentaba a los hijos a luchar porque así ellos podían ganar más poder y control. Al apoyar a un hermano, los nobles sabían que se arriesgaban si el hermano fallaba, pero si el hermano al que apoyaban tenía éxito, ese hermano estaría en deuda con ellos. Considerando la reputación de Luis el Piadoso, sabían que sus castigos no serían tan terribles como lo habrían sido bajo Carlomagno.

Mientras Lotario, Pipino, Luis el Alemán y Carlos el Calvo luchaban por el poder, los nobles también pudieron comenzar a socavar el progreso que Carlomagno había hecho para eliminar la corrupción. A medida que Carlomagno expandía el imperio, los nobles vieron la oportunidad de expandir sus propias propiedades, dándoles más control sobre regiones más grandes. Cuando Carlomagno dividió el imperio para manejarlo mejor, la corrupción se redujo al mínimo gracias a los cambios que hizo en los sistemas legales y políticos.

Luis el Piadoso no tenía esa misma motivación, y bajo su gobierno, los nobles comenzaron a sentir que su poder potencial comenzaría a estancarse. Si no había más tierra para que ellos la controlaran a través de la expansión, tendrían que encontrar otros medios para hacer crecer su poder. Los hijos de Luis proporcionaron la salida que necesitaban. Al igual que los cuatro hijos de Luis, los nobles tenían poco interés en lo que era bueno para el imperio, estaban más interesados en lo que podían obtener de un imperio que ya no tenía el potencial de crecer.

Los nobles comenzaron a hacer terribles demandas a la gente que vivía en sus tierras, así como a la realeza que apoyaban. Cada nueva batalla de la larga guerra civil resultó en nuevas demandas de pago por ayudar a cualquier bando que apoyaran. Con el tiempo, Luis y sus hijos ya no tenían tierras para dar a los nobles, lo que enfureció a la nobleza que se sentía con derecho a más tierras para apoyar a los gobernantes. Cuando se les dijo que no había más tierras para ellos, los nobles se volvieron a las tierras que pertenecían a la Iglesia. Como el gobierno del imperio no estaba en condiciones de proteger a la Iglesia, los nobles se salieron con la suya al apoderarse de esas tierras y aplicar sus propias reglas mezquinas.

Pronto se hizo evidente para los nobles que la división perpetua de sus tierras ya no iba a ser posible. Habiendo reclamado la mayoría de las tierras dentro del imperio, simplemente no había ningún otro lugar para que ellos establecieran un territorio propio más grande sin tener que ir a la guerra con las tierras vecinas. La idea de dividir las tierras entre sus hijos legítimos se hizo insostenible, por lo que la costumbre franca se detuvo en gran medida (excepto por Luis el Piadoso y sus hijos). En lugar de dividir sus tierras, los nobles comenzaron a pasar el control al hijo mayor, dejando a sus otros hijos que encontraran sus propios destinos. Sin embargo, en este punto, las tierras ya estaban tan fragmentadas que había demasiados pequeños Lores y terratenientes para controlar las tierras que había.

Cuando los tratados fueron necesarios para detener la lucha, el imperio ya estaba tan dividido que no había sentido una identidad única. En lugar de que la gente del imperio tuviera un único propósito como antes, la gente del Imperio carolingio ya no tenía ningún tipo de identidad o propósito unificador. Luis tenía una visión, pero no fue capaz de mantener a su familia unida, y mucho menos de crear un pueblo unido. Había querido construir el imperio para tener una identidad basada en la religión cristiana, pero no tenía la fuerte presencia de su padre y su capacidad para ejecutarla. Carlomagno se había centrado en tratar de frenar la corrupción, pero Luis no dedicó el tiempo y el esfuerzo necesarios para mantenerla bajo control. Este es un problema común y es a menudo una de las principales razones por las que los imperios y reinos son destruidos. Perder el control de los nobles es siempre la señal de un imperio en decadencia, pero desafortunadamente para Carlomagno, su hijo y sus nietos no eran lo suficientemente fuertes para mantener a los nobles bajo control. Sin una razón para trabajar juntos, los nobles aprovecharon todas las oportunidades que pudieron, usando la distracción de la guerra civil para aumentar su propio poder. Luis y sus hijos parecían usar más a los nobles como una forma de distraerse mutuamente, sin prestar atención al hecho de que los nobles estaban usando esto para su propio beneficio. El líder del imperio tampoco vio el potencial en el ejemplo de los nobles al mantener las tierras unidas bajo un solo gobernante. La división de la propiedad era un problema del cual los nobles se dieron cuenta demasiado tarde para resolverlo de forma significativa, pero si los hijos de Luis hubieran adoptado este método de dejar su imperio a un solo heredero, quizás podrían haber reunificado finalmente el Imperio carolingio.

Irónicamente, no solo los nobles se beneficiaron del ascenso de Carlomagno; los líderes de la Iglesia también pudieron usar la devoción al papa de Carlomagno y Luis, para fomentar su propia riqueza. Pero a diferencia de los nobles que se beneficiaron de las guerras civiles, la Iglesia sufrió porque las constantes batallas y las puñaladas por la espalda redujeron sus ingresos. La Iglesia también había dependido del apoyo de los gobernantes carolingios durante generaciones, pero ahora se encontraban sin ese apoyo incondicional tras la muerte de Luis el Piadoso. Los gobernantes después de Luis el Piadoso no podían ni siquiera proteger sus propios reinos adecuadamente, y mucho menos ayudar a la Iglesia. El poder y control que la Iglesia sintió bajo Carlomagno continuó debilitándose con el tiempo, aunque su poder y control no desapareció del todo. La Iglesia todavía estaría allí en el 962 d. C. cuando un nuevo hombre asumió la posición de emperador, Otón I.

La presión externa

Como ocurrió con la caída de Roma, los vecinos del Imperio carolingio vieron su oportunidad de empezar finalmente a despedazar el poderoso imperio, especialmente después de la muerte de Luis el Piadoso.

Al norte, los carolingios no lograron detener la mayor amenaza a su imperio. Los gobernantes carolingios estaban tan atrapados en sus propias luchas internas que no se molestaron en crear una presencia naval, a pesar de que gran parte de su imperio se encontraba a lo largo de las principales rutas de agua. Esto los convirtió en blancos increíblemente fáciles de golpear, y no había grupo más hábil en golpear como un rayo que los vikingos. A diferencia de los gobernantes carolingios, los vikingos no tenían ningún deseo de expandir sus dominios. Su interés era estrictamente en tomar lo que pudieran en el menor tiempo posible y regresar a sus hogares. Muchos de ellos eran agricultores y pescadores, y trabajaban en estas otras profesiones durante gran parte del año. Los vikingos eran conscientes de que los monasterios y otras propiedades de la iglesia estaban entre las más ricas del imperio, y ahí era donde a menudo atacaban, robando el oro, las estatuas y otros objetos de valor para ayudar a mantener a sus familias en casa.

Al sur, el Imperio Carolingio todavía se enfrentaba a los musulmanes que Carlomagno no había podido expulsar de la península. Sin un líder fuerte que permaneciera en Aquitania, los musulmanes fueron capaces de atacar a lo largo de las fronteras, llevándose el botín y las tierras donde podían. Al este, los húngaros estaban demostrando ser mucho más fuertes para los hijos menos capaces de Luis.

Con los líderes tan débiles para defenderse de los constantes ataques provenientes de tantas direcciones diferentes, los nobles comenzaron a crear sus propias alianzas y redes para proteger sus tierras. En algunos lugares, se apoderaron completamente de las regiones, gobernando sin tener en cuenta lo que los gobernantes coronados decretaron. Fue entonces cuando el feudalismo realmente comenzó a crecer a medida que los nobles asumían papeles más importantes en la defensa de los remanentes del imperio. En este punto, las tierras estaban demasiado fragmentadas para que hubiera alguna esperanza de restaurar el imperio que Carlomagno había trabajado tan duro para crear. Al igual que después de la caída de Roma, las diferentes regiones volvieron a sus identidades culturales y viejos feudos.

El camino sin recorrer

Es mucho más fácil mirar hacia atrás y ver los eventos que llevaron al fin del imperio y encontrar los defectos y fallos que causaron su fin. Con el deseo de que el pueblo fuera más cristiano, tanto Carlomagno como Luis pasaron por alto un aspecto muy crítico de su propia herencia. Continuaron la tradición franca de repartir sus tierras entre sus hijos legítimos, ignorando por completo el hecho de que eran nieto y bisnieto del ilegítimo Carlos Martel. Martel era un líder mucho más capaz que los hijos legítimos de su padre, y fue a través de su trabajo que se sentaron las bases para la fundación de un imperio. No había compartido el gobierno de las tierras con ninguno de sus hermanos, aunque intentó dividir su reino. Tal vez fue afortunado pues solo uno de sus hijos sobrevivió para gobernar después de él, y fue definitivamente afortunado que el que le sobreviviera fuera tan fuerte y capaz como Pipino el Breve. Ambos hombres demostraron ser capaces en el campo de batalla y en la forma en que controlaban su reino. Carlomagno siguió sus pasos y luego expandió sus éxitos para unificar Europa Occidental de una manera que no se había visto desde la caída de Roma. Hacia el final de su vida se centró en la religión, y fue en esto en lo que Luis centró gran parte de su atención. Aunque no era tan hábil como sus predecesores, Luis podría haber sido un emperador provisional decente si hubiera tenido un hijo capaz que pensara más allá de sí mismo. Si Carlomagno o Luis hubieran considerado a sus hijos ilegítimos como líderes potenciales, Europa probablemente estaría hoy en día en un lugar diferente. Al excluir a los hijos ilegítimos de la herencia del reino, el Imperio carolingio estaba esencialmente condenado porque cada generación era progresivamente menos capaz después de ser criada sin el fuerte impulso de conquistar. Tenían derecho, casi se echaron a perder, y su interés no era mejorar la vida de los demás bajo su dominio.

Capítulo 11: Ecos del Imperio Romano: Cómo las fuerzas externas destruyeron el Imperio Carolingio

Los problemas internos fueron definitivamente la razón por la que el imperio se desmoronó, pero hubo fuerzas externas que comenzaron a destrozarlo antes del fin oficial del Imperio carolingio. A diferencia del Imperio romano, la caída del Imperio carolingio fue mucho menos dramática, con el imperio deshaciéndose por partes en lugar de disolverse completamente. Eso significa que sus vecinos consiguieron empezar a separar partes de las fronteras del imperio e incorporar pequeños territorios en sus dominios. Otros vecinos estaban más interesados en tomar lo que podían, sin interés en la conquista.

Al final, las luchas de poder internas fueron las que acabaron con el Imperio carolingio porque no había ninguna fuerza externa que pudiera haber acabado con el imperio franco en Europa Occidental. Cualquier fuerza grande habría dado a la gente del imperio una razón para unirse y luchar. El Imperio bizantino estaba en decadencia, y el Califato Omeya ya se había desmoronado. El Imperio carolingio se hubiera convertido en la siguiente gran potencia si hubieran utilizado un mejor método para determinar el siguiente líder.

Los efectos de las huelgas vikingas

Los vikingos no eran una nueva amenaza. Antes de que el papa León III coronara al emperador Carlomagno, este ya se había encontrado con los vikingos a lo largo de la costa. Uno de los biógrafos de Carlomagno, Notker el tartamudo, registró uno de esos encuentros. Según Notker, Carlomagno y algunos de sus hombres estaban cenando a lo largo de la costa en el sur de la Galia cuando vieron barcos pasando a lo largo del río. Algunos de los hombres estaban debatiendo qué tipo de barcos mercantes eran, pero Carlomagno sabía exactamente qué tipo de barcos estaban mirando. El diseño por sí solo delataba el hecho de que los marineros eran vikingos. A pesar de intentar subir a bordo de sus propios barcos para capturar a los vikingos, Carlomagno y sus hombres no lograron atrapar a los hombres hábiles del norte. Esto molestó a Carlomagno, pero los vikingos no representaban una amenaza seria para el imperio.

Aunque los vikingos no representaban una gran amenaza para Carlomagno, sí causaron algunos problemas a sus descendientes. Carlomagno no atacó a los daneses de la misma manera que a los sajones. En cambio, intentó negociar con ellos. Los daneses apoyaron a los sajones durante gran parte de los 33 años en que estuvieron en guerra con Carlomagno, pero habría sido mucho más difícil comenzar una guerra con los daneses además de luchar contra los sajones. No fue hasta el año 799 d. C. que el primer ataque vikingo ocurrió dentro del reino franco y esto llevó a Carlomagno a formar una flota para contrarrestar cualquier ataque futuro.

Para 825, los daneses estaban listos para establecer un acuerdo con Luis el Piadoso, que se completó en octubre de ese año. Como parte del acuerdo, los daneses se convirtieron al cristianismo, al menos de nombre. Las luchas internas entre los diferentes líderes de los vikingos hicieron de esto una mejor opción que continuar luchando con esos líderes. A cambio, Luis accedió a ayudar a los vikingos que se convirtieron al cristianismo, a recuperar el poder. Luis sabía que había riesgos al confiar en que su conversión fuera sincera, pero sentía que valía la pena el riesgo si los vikingos se convertían honestamente. Tenía la esperanza de que su conversión resultara en que el resto de los vikingos se convirtieran al cristianismo con el tiempo. Notker registró la conversión de algunos de los líderes vikingos y cómo fueron tratados por los nobles francos, que los trataron más como niños que como líderes. Recibieron regalos y otros artículos, lo que causó que más vikingos se "convirtieran" y luego obtuvieran los mismos artículos que recibieron los primeros vikingos convertidos. Esto provocó fricciones cuando los nobles y Luis se quedaron sin ropa. Un danés mayor se quejó de que las otras veces que había pasado por el proceso había recibido mejor ropa. Cuando no le ofrecieron mejores ropas, se marchó diciendo que podían conservar a su dios. Esto demuestra que muchos de los daneses no fueron sinceros en su conversión.

Luis permitió que algunos de sus hombres regresaran al norte como misioneros para ayudar a los vikingos a entender mejor cómo vivir como cristianos. Los daneses solo empezaron a tomar a los cristianos más en serio cuando Luis envió un barco como regalo. Esta relación permaneció intacta durante gran parte de la vida de Luis, y fue mejor que lo que vino después cuando sus hijos estuvieron a cargo del imperio.

Los vikingos vieron la oportunidad de empezar a atacar una vez que el imperio se dividió. Luis trató de enseñar a los vikingos a ser cristianos, pero esa no fue la lección que aprendieron de su encuentro con los francos. Cuando el imperio comenzó a desmoronarse, los vikingos se dirigieron cada vez más al interior del territorio franco. Para el 840 d. C., los vikingos se habían convertido en una amenaza casi constante para París. El imperio dividido ya no era capaz de repelerlos, y los regalos sólo aplacaron a los vikingos durante un tiempo. Los vikingos eventualmente sitiaron París en el 885 d. C. y exigieron que se pagara un tributo, pero esa demanda fue rechazada por los francos.

Mientras los vikingos sitiaban la ciudad de París, la enfermedad mataba a la gente dentro de la ciudad. Cuanto más grave era la situación, más urgente era hacer saber a Carlos el Gordo que se necesitaba ayuda. El Conde Odo, el Protector de París, acudió a Carlos para implorar su ayuda. A su regreso a la ciudad, Odo pudo volver a entrar en ella, pero los vikingos permanecieron fuera de la ciudad durante más de medio año. Carlos llegó finalmente con ayuda militar en octubre, pero él y su ejército no pudieron expulsar a los vikingos. Después de ocho meses, los vikingos estaban dispuestos a aceptar la plata que los francos ofrecían y finalmente se llevaron a sus hombres de la ciudad a cambio de 700 libras de plata. Carlos el Gordo fue depuesto en el 887 d. C., y el Conde Odo fue su sustituto. Odo no era carolingio, pero sus esfuerzos por proteger al pueblo de París le valieron el apoyo de algunos de los francos. Sin embargo, no fue nombrado emperador, y con la muerte de Carlos el Gordo el 13 de enero de 888, murió cualquier esperanza de que el Imperio carolingio se uniera de nuevo.

Los vikingos ciertamente no causaron el colapso del imperio. Su papel no fue tan importante como el de las tribus germánicas que habían saqueado Roma no mucho antes de que cayera finalmente, pero fue fundamental para demostrar que el imperio ya no era lo que había sido. El papel de los vikingos era más bien otro problema que los gobernantes carolingios no sabían cómo resolver. Sus intentos de conversión y apaciguamiento reemplazaron el poderío de Carlomagno, que no habría permitido un abuso tan flagrante de la caridad y que no habría tenido el deseo de convertir a los vikingos. Los métodos de Carlomagno con otras tribus germánicas eran incuestionablemente brutales, incluso bárbaros, pero también comprendió que no se podía comprar a la gente para que se convirtiera. Ni el método empleado por Carlomagno ni el de su hijo era una buena manera de tratar de convertir a la gente a la religión cristiana; sin embargo, los métodos de Carlomagno no pusieron en riesgo su reino.

El problema de la falta de un jugador exterior importante

Aparte de los vikingos, Carlomagno derrotó a la gran mayoría de los pueblos que podrían haber impactado su reino y más tarde su imperio. Cuando finalmente terminaron las guerras sajonas, no había otras grandes potencias en el oeste que pudieran amenazarlo. El deseo de Carlomagno de expandir y convertir a la gente al cristianismo eliminó todas las amenazas importantes, algo que los romanos no lograron. Mientras que los romanos ciertamente gobernaron más allá de Europa, permitieron que sus ciudadanos y las áreas conquistadas permanecieran en gran parte sin cambios. Esto les facilitó tomar el control con menos peleas. Carlomagno no quería permitir que la gente de su nación tuviera mucho que decir sobre cómo debían ser gobernados. Su insistencia en que su imperio utilizara los mismos sistemas en todas las tierras significaba que habría menos amenazas por parte de la gente que conquistaba.

Carlomagno trabajó para crear una identidad más parecida a la del Imperio bizantino. La gente trabajaba por las mismas metas para el mejoramiento del imperio. Cuando Luis el Piadoso tomó el poder, tenía un objetivo similar y publicó sus visiones sobre cómo lograr esos objetivos. Desafortunadamente, carecía de la habilidad de su padre para unificar el imperio, y no tenía las mismas convicciones sobre cómo lograrlo.

Si Luis hubiera tenido que enfrentar un enemigo más grande, este podría no haber sido el problema en el que se convirtió. Luis había demostrado durante su época de gobierno en la parte occidental del reino que era un líder competente, a pesar de no ser tan brillante como su padre. Mantuvo las fronteras seguras y sabía cómo tratar los problemas internos a menor escala. Fue cuando se puso a cargo de todo un imperio y tuvo que mantener la paz internamente que Luis fracasó. Una fuerza externa habría sido un gran recordatorio para Luis, así como para sus hijos, de que había asuntos más importantes y urgentes y que el imperio era el más importante. Sin un verdadero blindaje, el imperio se pudrió desde dentro, y ninguno de los gobernantes estuvo realmente contento con el estado de las cosas.

Capítulo 12: Efectos duraderos y esperanza de reunificación

Así como la gente del Imperio bizantino no se consideraba a sí misma como separada del Imperio romano, incluso mucho después de la caída de Roma, la gente que vivía en el Imperio carolingio probablemente se consideraba a sí misma como parte del imperio. En la mayoría de los casos, los historiadores miran hacia atrás en los períodos de tiempo para decidir cuándo comenzó y cuándo terminó un imperio. Es increíblemente raro que la gente de un período de tiempo sea consciente de este tipo de cambio importante o del comienzo y el final de algo tan grande. Los imperios y reinos a menudo cojearon durante años, décadas o incluso siglos después de los grandes acontecimientos que marcaron el principio del fin (si no el fin en sí mismo).

El Imperio carolingio es único en el sentido de que realmente no fue un imperio y que evolucionó en algo similar aproximadamente 100 años más tarde. Cuando el papa León III nombró emperador a Carlomagno, era el emperador del Sacro Imperio romano germánico y no del Imperio carolingio. El Sacro Imperio romano surgió más tarde como un reino que cubría una porción mucho más pequeña de Europa, pero el nombre siguió siendo el mismo.

El espíritu del Sacro Imperio Romano

No se ha registrado mucho sobre lo que ocurrió durante el período entre la muerte de Carlos el Gordo y el ascenso de Otón I. Los líderes tomaron el control de sus propias regiones, y mientras las fuerzas externas se metían en sus fronteras, las luchas internas impidieron que el imperio de Carlomagno se reformara como lo había hecho antes. Con el tiempo, las regiones que habían sido controladas por los hijos de Luis comenzaron a formar sus propias identidades, y no podían concebir renunciar al poder que habían adquirido siguiendo a un solo líder. Cuanto más tiempo pasaba, menos probabilidades había de que aceptaran la exigencia de unificarse bajo la misma bandera.

Las tierras ciertamente cambiaron y las fronteras se cambiaban constantemente a medida que diferentes sectas y grupos reestructuraban las tierras basándose en la herencia de los hijos de los líderes y sus deseos de expandirse a los territorios vecinos. Ese sentido de pertenencia a un imperio se perdió por completo a principios del siglo X.

Entonces una nueva figura surgió de la tierra que Carlomagno había trabajado tan duro para subyugar. Cualesquiera que fueran sus motivos, Otón I se convirtió en la fuerza más formidable de Europa Occidental desde la muerte de Carlomagno.

El ascenso de un Sajón

Otón nació en el 912 d. C. y era hijo del duque sajón, Enrique el Aviador. A pesar de ser hijo de un duque, no había garantías de que Otón asumiera el papel de su padre porque, en esta región en particular, los líderes fueron elegidos, lo que significa que el puesto no era simplemente heredado. Tal vez habían aprendido de la debacle que llevó a las muchas guerras civiles dentro del Imperio carolingio.

Cualquiera que sea la razón de este cambio en la forma de elegir un heredero, Otón se ganó el título cuando aún era joven. Su educación temprana fue probablemente en gran parte militar, y participó en una de las campañas de su padre en las tierras de una de las tribus germánicas vecinas. El padre de Otón quedó impresionado por su habilidad y lo eligió para ser el sucesor de la pequeña porción del reino que controlaba. Esta decisión tuvo que ser consultada con los otros nobles de la región, y ellos aprobaron la elección, convirtiendo a Otón en el rey oficial de Alemania en 936 cuando su padre murió.

Se casó por primera vez cuando tenía solo dieciocho años, y él y su esposa, Eadgyth (o Edith) de Inglaterra, tuvieron dos hijos juntos. Su esposa era una noble inglesa que le proporcionó apoyo mientras sus papeles en el reino cambiaban. Una vez que se convirtió en el gobernante, Otón trasladó la capital a Aquisgrán, Alemania. No se sabe con certeza por qué lo hizo, pero considerando el hecho de que había sido la sede del imperio de Carlomagno, es muy probable que estuviera indicando el futuro que veía para su dominio.

Cuando sus vecinos comenzaron a intentar entrar en su tierra, Otón les enseñó rápidamente la razón por la que había sido elegido como líder. Rápidamente derrotó a todos los disidentes tanto dentro como fuera de su reino, y se enfrentó a otros que dudaban de su capacidad. La mayor amenaza a su gobierno provenía de sus propios hermanos, un problema que continuó en Europa hasta hace poco. A pesar de que eran familia, no temía tratarlos como el enemigo, al menos hasta cierto punto. Cuando comenzó a consolidar su poder, Otón descubrió que tanto los duques que sentían le estaban arrebatando su poder como sus hermanos, estaban dispuestos a trabajar juntos para tratar de removerlo de su posición.

Después de su coronación en 937, el medio hermano de Otón, Thankmar, se alió con los duques que Otón había molestado. El intento de destituir a Otón resultó en una pérdida devastadora para la gente que lo atacó. Después de todo, Otón se había ganado su posición demostrando que podía dominar como estratega, algo que había beneficiado a Carlomagno más de 100 años antes. Thankmar murió durante la batalla. Uno de los duques fue depuesto, y el duque Eberardo de Franconia eligió someterse al gobierno de Otón. Esta fue probablemente una sumisión insincera, ya que el duque Eberardo pronto se puso del lado del hermano menor de Otón, Enrique, que trató de desafiar el gobierno de Otón solo dos años después.

En 939, Enrique fue capaz de ganar el apoyo del rey de Francia Occidental, Luis IV. Sin embargo, los dos duques que se pusieron del lado de Enrique, el duque Eberardo y el duque Gilberto de Lotaringia, murieron. El problema al que Otón se enfrentaba ahora era decidir qué hacer con Enrique. En lo que algunos podrían haber interpretado como un momento de debilidad, Otón perdonó a Enrique en lugar de hacerlo ejecutar. Aún más y potencialmente problemático, Otón permitió que su hermano permaneciera a su lado.

Esto demuestra que Otón tenía una debilidad por su familia; sin embargo, esta confianza no era algo que se ganara necesariamente. Enrique esperó sólo dos años antes de liderar una nueva rebelión contra su hermano. Lo que había aprendido de la primera rebelión era que no podía enfrentarse a Otón en una pelea, así que, en su lugar, intentó que Otón fuera asesinado. Desafortunadamente para Enrique, Otón se enteró de lo que estaba planeando, y en 941, todos los que habían conspirado con Enrique fueron ejecutados. Pero de nuevo, Otón perdonó a su hermano. Este segundo acto de perdón parece haber persuadido a Enrique de que no sería mejor líder que Otón. En los años siguientes a este segundo intento por obtener la corona de Otón, Enrique se convirtió en uno de sus más firmes partidarios. Con el tiempo, ganó más tierras y poder para su hermano como pago por su lealtad.

Durante el año 950, Otón derrotó a uno de sus principales rivales, el príncipe Boleslav I de Bohemia. A cambio de su vida, el príncipe tuvo que pagar a Otón un tributo. En 951, Otón hizo campaña en el lugar donde había comenzado el Imperio romano. Cuando Adelaida, la viuda del rey nominal de Italia, pidió su ayuda, Otón tenía una razón para entrar en Italia sin ser un agresor. El rey Lotario II había muerto, y el pueblo de Italia no apoyaba a Adelaida como nuevo gobernante. El rey Berengario II (rey de Italia para ese momento y posible asesino del rey Lotario) la había hecho prisionera y la retenía para tratar de obtener el control de las tierras de su marido. Después de ayudarla, Otón se casó con la viuda, ya que su esposa había muerto seis años antes. Adelaida estaba dispuesta a casarse con Otón porque finalmente traería estabilidad a sus dominios. Con este matrimonio, Otón expandió su reino sin las guerras que habían sido el método principal de Carlomagno para expandir su reino. En lugar de ser el agresor que quería forzar su dominio sobre ellos, Otón era el héroe que ofrecía al pueblo la estructura y estabilidad que habían echado de menos desde la muerte de su rey.

Otón experimentaría algunos de los mismos problemas que Luis el Piadoso, con su hijo, Liudolfo, volviéndose contra él. Liudolfo trabajó con otros líderes germanos para tratar de derrocar a su padre mientras Otón estaba en Italia. Por primera vez en su vida, Otón se enfrentaba a un miembro de la familia que representaba una verdadera amenaza para su trono. Su hijo había aprendido mucho de su padre sobre cómo luchar, y se había convertido en un experto en ello. El problema era que Liudolfo no sabía tanto sobre gobernar como su padre, ni tenía tan buen entendimiento de sus vecinos como Otón, dándole a éste una gran ventaja. De lo que Liudolfo no se daba cuenta era que los Magiares (una de las tribus vecinas que probablemente descendían de las infames hordas de Atila) eran muy agresivos y constantemente buscaban la oportunidad de atacar. Otón sabía lo difícil que sería vencer a su hijo en una pelea en casa, así que simplemente dejó que los magiares hicieran gran parte del trabajo por él. Otón fue capaz de hacer su movimiento en 954 cuando los magiares invadieron. Liudolfo no pudo enfrentarse a ambas fuerzas al mismo tiempo, y finalmente eligió someterse a su padre en 955. De nuevo en pleno control de su hogar, Otón rápidamente defendió sus tierras de los magiares durante la batalla de Lechfeld. La derrota fue tan destructiva para los magiares, que no volvieron a atacar esta región.

Como Carlomagno

Mucho de lo que había hecho Otón I parecía haber sido inspirado por Carlomagno, una inspiración que muchos líderes seguirían durante gran parte de la historia europea. Otón ciertamente se enfrentó a muchos más problemas que Carlomagno, con las luchas internas y externas, siendo esto una parte de lo que tuvo que enfrentar a lo largo de todo su reinado. Pero fue capaz de superar estos problemas y continuar expandiendo su reino. A pesar de no ser un hombre religioso, Otón mostró una especie de misericordia (aunque parecía extenderla principalmente a los miembros de su familia) que no era obvia bajo Carlomagno. Esta fue quizás la razón por la que fue capaz de forjar una unidad que continuó incluso después de su muerte.

Otón sabía que necesitaba establecer una sucesión que pudiera mantener intacto su trabajo después de su muerte, ya que había visto derrumbarse otros imperios y reinos y además provocó el fin de algunos de ellos. En 961, eligió al hijo que tenía con Adelaida como su sucesor. Este hijo también se llamaba Otón, y cuando su padre decidió que él sería el siguiente en gobernar el reino, tenía solo seis años. Para asegurarse de que nadie cuestionara su decisión, Otón celebró elecciones para legitimar su decisión. Cuando su hijo elegido fue electo para ser su sucesor, el anciano Otón lo coronó para hacer un gobierno conjunto. Tal vez el mayor problema de esto era que no había certeza de que el joven Otón fuera un líder capaz.

A pesar de los problemas para elegir a un sucesor tan joven, Otón sentía que su imperio estaba seguro, y volvió a Italia para enfrentarse a la última ronda de problemas que el rey Berengario II había provocado. Como Carlomagno, Otón estaba dispuesto a ayudar al Papa en su momento de necesidad. El hecho de que fuera el rey Berengario II quien planteara la amenaza probablemente hizo que fuera una elección fácil para Otón, que no estaba tan dedicado al cristianismo como lo estaba Carlomagno. A cambio del apoyo de Otón, el papa Juan XII siguió el precedente establecido por el papa

León III y coronó a Otón como emperador del Sacro Imperio romano germánico el 2 de febrero de 962. Luego usó el Privilegium Ottonianum que definía la relación que existiría entre el nuevo emperador y el papa. Este acto resultaría ser un error porque el apoyo de Otón era casi puramente secular. Cualquier amenaza a su gobierno era inaceptable, incluso si la persona que la planteaba era el papa. Cuando el papa se dio cuenta de su error, se convirtió en un blanco de la ira de Otón al tratar de frenar el poder del emperador. En respuesta, Otón hizo algo que habría sido impensable para Carlomagno, e hizo que el papa fuera removido del poder. En lugar de dejar que los cardenales y otras cabezas de la Iglesia eligieran el próximo papa, Otón eligió al papa León VIII. Esto no funcionó bien ya que el papa que eligió Otón murió en 965. Otón eligió después a Juan XIII, una figura que ya era ampliamente rechazada por los líderes de la Iglesia. La revuelta contra la elección de Otón fue casi inmediata, y fue forzado de nuevo a regresar a Italia para sofocarla.

Otón se dio cuenta de que Italia iba a seguir siendo un problema, motivo por el cual eligió permanecer en esta región de su imperio durante varios años para contrarrestar más rápidamente los problemas. La continua presencia de Otón I en Italia redujo drásticamente el número de personas que estaban dispuestas a enfrentarse a él. Tal vez aburrido por la falta de actividad después de que eligió quedarse, o tal vez porque vio la oportunidad de extender su dominio aún más lejos, Otón I viajó al este a tierras bajo control bizantino, aunque no tuvo éxito en la expansión de su reino durante estas expediciones.

En los últimos años de su vida, Otón sabía que había que hacer más para asegurar su legado. Había visto cómo el imperio de Carlomagno se había desmoronado, y quería asegurarse de que eso no le pasara al suyo. Arregló un matrimonio entre su hijo, Otón, y Teofania, quien fue la sobrina o la hija del emperador del Imperio bizantino en 972. En lugar de derrotar al Imperio bizantino a través de la lucha, Otón iba a hacer que su hijo se casara con su familia, solidificando una alianza más estable que esperaba que ayudara a su hijo a mantener su posición. Al año siguiente, en 973, Otón I murió.

Él tendría mucho más éxito que Carlomagno en el establecimiento de su imperio. Su imperio no era tan grande como el que Carlomagno gobernó, pero esto podría haber funcionado a favor de Otón porque era más fácil de unificar. El Sacro Imperio romano se convirtió en una de las potencias dominantes en Europa y se mantuvo hasta la temprana era moderna.

Conclusión

El Imperio carolingio fue una unificación muy efímera de una gran parte de Europa Occidental. Se logró la reunificación de muchas de las tierras que habían sido mantenidas por los romanos de nuevo bajo un solo estandarte por un período muy breve de tiempo.

Debido a su brevedad, las fechas de inicio y fin son debatidas por los historiadores. Algunos historiadores dan crédito a Carlos Martel y a su hijo Pipino el Breve por su papel en ayudar a construir una base tan fuerte que fue utilizada por Carlomagno para expandir su poder. Carlos Martel probablemente podría haber ido más lejos en la España de hoy en día, pero eligió mantener su reino del tamaño que era porque quería establecer una base fuerte. Su hijo, Pipino el Breve, usó esa base para convertirse en el primero de la dinastía carolingia, aunque no fue su primer emperador. Su trabajo para asegurar las fronteras y difundir el cristianismo se entretejió en la forma en que gobernó el reino, una lección que su hijo Carlomagno se tomó muy a pecho. Aunque mucha gente no ha oído hablar sobre él, Pipino el Breve fue un líder fuerte que preparó el escenario para que su hijo tuviera mucho más éxito.

Carlomagno fue capaz de tomar las herramientas necesarias para extender su reino mucho más allá de lo que se podría haberse imaginado desde el desmoronamiento del Imperio Romano de

Occidente. No solo expandió el alcance del reino franco, sino que también revivió el poder de la Iglesia cristiana de Occidente. Algunas de sus tácticas definitivamente no eran de naturaleza cristiana, siendo el trato hacia los sajones particularmente bárbaro. Sin embargo, la relación entre los francos y los sajones siempre había sido polémica. Carlomagno pudo haber sentido que, si no sometía a los sajones, entonces nunca dejarían de causarle problemas. No forzó a todas las personas de su reino a convertirse al cristianismo, ya que Carlomagno animó a los miembros de la fe judía a formar parte de su reino. Siguiendo el ejemplo de Jesucristo, Carlomagno se esforzó por hacer que su reino se acercara lo más posible a esas enseñanzas; pero no parece que esta benevolencia se extendiera a los sajones.

Incluso más importante que extender su reino a través de gran parte de Europa Occidental fueron los cambios que implementó. Carlomagno quería reducir y eliminar la corrupción, y esperaba que la gente bajo su mando diera prioridad a la eliminación de la corrupción en todo su imperio. Tampoco se centró solo en el sistema legal y la administración de su reino. Con la reducción del flujo de oro en el imperio debido a los problemas con el Imperio bizantino, cambió completamente la estructura financiera para asegurar que el imperio se mantuviera estable. Carlomagno no era perfecto, pero realmente se preocupaba por la gente, y muchos de los cambios que implementó hicieron avanzar a Europa Occidental a pasos agigantados.

El sucesor de Carlomagno, Luis el Piadoso, no era tan hábil como Carlomagno, y su deseo de ser más cristiano comprometió al imperio. Si uno de sus hijos hubiera sido más parecido a Carlomagno o incluso a Pipino el Breve, el imperio podría haber sobrevivido mucho más tiempo. La mezcla de la tradición franca y el enfoque en lo espiritual por encima de las necesidades de la gente creó demasiadas luchas internas que se agravaron por la falta del enfoque adecuado por parte de sus hijos. A principios del gobierno de Luis el Piadoso, se sembraron las semillas de los problemas que destruyeron el imperio.

Aunque el Imperio carolingio no duró mucho, menos de un siglo según los relatos de muchos historiadores, la influencia que tuvo en

Europa Occidental es todavía evidente hoy en día. La mayor parte del crédito es para Carlomagno, porque fue un brillante estratega militar y un visionario. Fue el primero en creer que la educación debía estar disponible para el mayor número de personas posible, y se dio cuenta de lo perjudicial que era la corrupción en los líderes del gobierno. Muchos de los sistemas que implementó llegaron a ser la base de los gobiernos de las naciones que se levantaron después de la caída de su imperio. Las regiones que se utilizaron para dividir las tierras entre sus nietos se convertirían con el tiempo en el esbozo de los países que los lectores conocen hoy en día.

Bibliografía

40 Mapas que explican el Imperio romano , Timothy B. Lee, August 19/2014, Vox Media, www.vox.com

Biografía de Carlos Martel, Líder militar y gobernante de los francos , Kennedy Hickman, abril 22/2019, ThoughtCo, DotDash, www.thoughtco.com

La Dinastía carolingia , Los Editores de la Enciclopedia Británica, 2019, Enciclopedia Británica Inc., www.britannica.com, Medieval Chronicles, 2019, www.medievalchronicles.com

Carlomagno y el Imperio carolingio , Mr. Giotto's Online Textbook, 2019, Mr. Giotto's Website, www.penfield.edu

Biografía de Carlomagno , Bio, 2019, A&E Televisión Net, www.biography.com

Biografía de Carlomagno , Enciclopedia de las Biografías del Mundo, 2019, Advameg Inc., www.notablebiographies.com

Carlomagno invade España, Henrik K Kihlstrom, Aaron D Whitmer, Erik M Strom, 2019, thenagain info, www.thenagain.info

Las Reformas de Carlomagno, ER Services, 2109, Western Civilization, courses.lumenlearning.com

Carlos Martel, Enciclopedia de las Biografías del Mundo, 2016, The Gale Group Inc, Enciclopedia.com, www.encyclopedia.com

Carlos Martel, Soylent Communications, 2014, www.nndb.com

La caída del Imperio carolingio , Alen S, April 10/2018, Short History Website,

Cómo Carlomagno cambió el mundo, Heather Whipps, abril 13/2008, LiveScience, www.livescience.com

¿Cómo Carlos Martel afectó el desarrollo del Feudalismo?, David Drayer, Agosto 9/2016, Socratic, socratic.org

Luis I, John Contreni, junio 16/2019, Enciclopedia Británica Inc., www.britannica.com

Dinastía Merovingia , Los editores de la Enciclopedia Británica, 2019, Enciclopedia Británica Inc., www.britannica.com

Otón 1: Medieval Chronicles, 2014-2019, www.medievalchronicles.com.

Otón I: Enciclopedia de la Biografía Mundial, 2004, The Gale Group Inc.

Pipino III Rey de los Francos, Eleanor Shipley Ducklett, 2019, Enciclopedia Británica Inc., www.britannica.com

Santo León III, The Editors of Encyclopedia Británica, 2019, Enciclopedia Británica Inc., www.britannica.com

El Imperio carolingio , Holy Empire Association, 2019, www.holyromanempireassociation.com

La caída del Imperio carolingio , The Saylor Foundation, 2019, resources.saylor.org

La caída del Imperio Carolingio , WWW Virtual Library, 2019, www.vlib.us/medieval

Los Sajones eran un pueblo germánico, Melissa Snell, Enero 31/2019, Thought Co., www.thoughtco.com

Los Sajones, Cristian Violatti, diciembre 14/2014, Ancient History Enciclopedia, www.ancient.eu/Saxons/

Los Vikingos en el Imperio carolingio , Erenow, Post-classical history, 2019, erenow.net.

Europa Occidental y Bizancio, c.500-1000 CE , Dr. Andrew Reeves, Marzo 14/2017, Reminate, We're Never Far from Where We Were, https://brewminate.com

¿Quién fue Carlos Martel y por qué lo llamaban El Martillo?, History Hit, Octubre 22/2018, History Hit, www.historyhit.com

Vea más libros escritos por Captivating History

www.ingramcontent.com/pod-product-compliance
Lightning Source LLC
LaVergne TN
LVHW041646060526
838200LV00040B/1731